HÖR MEIN LIED

Brooks Hansen

HÖR MEIN LIED

Aus dem Amerikanischen von
Birgitt Kollmann

Mit Illustrationen von
Michaela Helms

CARLSEN

1. Auflage 1999

Originalverlag: Farrar, Straus and Giroux, New York
Originaltitel: Caesar's Antlers
Umschlaggestaltung: Doris K. Künster
Satz: H & G Herstellung, Hamburg
Druck und Bindung: Pustet, Regensburg
ISBN 3-551-58041-3
Printed in Germany

TEIL I

1

Es war nur ein Windhauch, doch Cäsar verstand, was er zu bedeuten hatte, ebenso wie die übrigen Tiere der Herde. Er graste gerade auf einem Stück Heide, als ein Wind aus dem Norden über die Weide blies und ihm unvermittelt die Gewissheit zutrug. Es war ein bestimmter Geruch, der den Tod des Sommers ankündigte. Noch stand die Sonne hoch am Himmel und brannte heiß, aber Cäsar wusste es – er witterte es: Schon bald würden die Luft, die Farben, der Himmel anders sein. Wieder einmal war es an der Zeit aufzubrechen.

Sobald er fertig war mit Grasen, machte er sich auf zum Versammlungsplatz im Tal. Am Waldrand traf er seine zwei jüngeren Vettern, und zusammen stiegen sie die erste Anhöhe hinauf. Bei einer umgestürzten Fichte stießen sie auf eine Gruppe von fünf Rentieren, die auch zu ihrer Herde gehörten. Cäsar hieß sie in seiner Gruppe willkommen und schweigend legten sie den Rest des Weges gemeinsam zurück.

Die Senke lag ganz am Ende der weiten Tundra, hinter den Hügeln. Wie eine riesige Schüssel schien sie mitten im Land zu liegen, eine große Weidefläche, doch so tief eingesunken, als wäre der Erde genau an dieser Stelle die Luft ausgegangen. Einen ganzen Tag lang führte Cäsar seine Gefährten über die weite Hochebene, aber als sie endlich den Rand der Senke erreichten, ließ er sie den Abstieg allein beginnen. Er selbst wollte von oben zusehen, wie die Herde sich im Tal sammelte.

Die Menschen waren bereits dort und hatten ihr Lager an den Berghängen aufgeschlagen. Wie üblich waren die Rentiere den Sommer über weitgehend sich selbst überlassen gewesen, doch nun waren die Menschen zurückgekehrt, um die Herde auf ihrem Zug ins Landesinnere zu begleiten, auf dem Weg von den hohen Bergen zu den tiefer gelegenen Weidegebieten.

Cäsar hielt Ausschau nach den Brüdern Ole und Gaino. Weit drüben sah er die Schwester der beiden mit ihren Kindern, und dort kam auch Mikkel, Gainos ältester Sohn, den Hang hinunter, seinen kleinen Jungen auf den Schultern. Doch die beiden Brüder sah Cäsar nicht. Sie müssen noch auf dem Weg hierher sein, dachte er, und so machte er sich auf den Weg ins Tal, um dort inmitten der Herde zu warten.

Erst weniger als die Hälfte der Herde war versammelt,

etwa zweihundert Tiere. Die übrigen würden vor Einbruch der Nacht eintreffen, doch schon jetzt kamen die Männer herunter, um sie zu sichten. Das war ihre Aufgabe an diesem Tag – zu entscheiden, welche Tiere einen Namen erhalten würden, welche Renkühe sterilisiert und welche Tiere für immer von der Herde getrennt und weggeführt würden. Die Rene verstanden, was da vor sich ging, selbst die Kälber. Ängstlich rannten sie hin und her, als sie die Männer sich nähern sahen. Mit weit aufgerissenen Augen warfen sie immer wieder die Köpfe von einer Seite zur anderen.

Nicht so Cäsar. Vor langer Zeit, als er selbst noch ein junger Hirsch von gerade zwei Jahren war, ein Spießer, waren Ole und Gaino an einem Tag wie diesem heruntergekommen, hatten ihn ausgewählt und ihm seinen Namen gegeben. Seit damals hatte Cäsar den beiden geholfen, hatte ihre Trecks angeführt, ihre Schlitten gezogen, ihre Kinder auf seinem Rücken reiten lassen. Dafür hatten sie ihm zu fressen gegeben, hatten ihm erlaubt, sich an ihrem Feuer und ihrer Gesellschaft zu wärmen.

Cäsars Kusine Karin gehörte zu einer anderen Gruppe. Ruhig stand sie am Fuß des Berges, abseits der großen Herde.

Cäsar begrüßte sie. »Morgen?«, fragte er.

»Morgen«, war ihre Antwort.

»Ist Berit schon da?«

Karin zog die Schlitten für Berits Clan. Berits Kinder waren alle mit Karins Milch aufgezogen worden.

Mit dem Kopf wies die Renkuh den Hang hinauf. Weit oben stand Berit, die Arme in die Seiten gestemmt, und musterte die Herde.

»Was ist mit Ole und Gaino?«, fragte Karin.

Cäsar schüttelte den Kopf. »Noch nicht.«

Sie wandten sich wieder den übrigen Renen zu. Inzwischen gingen die Männer zu zweit zwischen den Tieren hindurch. Sie pfiffen, schnalzten mit der Zunge, ließen Stricke über ihren Köpfen schwirren und auf Geweihspitzen landen.

Schweigend schauten Cäsar und Karin den Menschen zu, während sich nach und nach eine kleine Gruppe anderer Tiere um sie zu sammeln begann. Zunächst kamen nur die Tiere, die ebenso wie sie Gehilfen der Menschen waren. Dann näherten sich zögernd auch andere. Es waren Jungtiere, die selbst noch keine Namen hatten, aber diejenigen mit Namen nachahmten und deren Nähe suchten, weil sie hofften, so in den Genuss dieser Auszeichnung zu gelangen und den heutigen Tag zu überleben, um morgen mit den anderen aufbrechen zu können.

»Morgen?«, grüßten die einen.

»Morgen«, antworteten die anderen mit einem Kopfnicken.

»Meinst du nicht, dass es noch zu früh ist?«, wollte eines der Tiere von Cäsar wissen.

Cäsar schüttelte den Kopf. Gerade wurde in seiner Nähe ein Kalb vom Strick erfasst und zu Boden geworfen. Die Gruppe machte Platz.

»Sind Ole und Gaino schon hier?«, fragte ein kastrierter Hirsch.

Cäsar schüttelte den Kopf. »Noch nicht.«

Wieder ließ er seine Blicke über den Rand der Senke streifen. Noch immer kamen Rentiere vom Hochfjell her, vereinzelt kamen sie an den flacheren Stellen die Hänge herunter und füllten langsam das Tal. Jetzt begann sich die Herde als Ganzes im Kreis zu bewegen. Wie bei einem Wasserstrudel drehten sich kleinere Kreise innerhalb eines größeren. Doch von Cäsars beiden Freunden war noch immer nichts zu sehen.

Plötzlich fühlte Cäsar, wie etwas sein Geweih streifte. Er sah das Weiße in Karins Augen aufblitzen, dann fühlte er einen heftigen Ruck in der Flanke. Er war von einem Seil eingefangen worden.

Erschrocken wichen die anderen Rentiere zurück. Am anderen Ende des Seils waren Mikkel und sein kleiner Sohn, der sich nur leicht mit den Händen am Kopf des Vaters festhielt.

»Schon gut.« Cäsar schaute zu Karin hoch, den Nacken noch immer verdreht vom straffen Seil. »Es ist bloß Mikkel.« Wieder spürte er einen heftigen Ruck. »Morgen.«

Morgen, nickte sie, aber ihre Augen blickten nicht mehr so zuversichtlich drein wie zuvor.

Mikkel war nicht ärgerlich. Sobald Cäsar sich von den übrigen Tieren entfernt hatte, ließ er das Seil los. Der kleine Junge kletterte auf Cäsars Rücken, und gemeinsam gingen sie um die stampfende Herde herum und auf der gegenüberliegenden Seite den Hang hinauf bis dorthin, wo die Familie ihr Lager aufgeschlagen hatte.

Dort oben war Mikkels Bruder. Mit einem Stein schliff er die Kufen eines Schlittens. Cäsar erkannte ihn, es war der Schlitten, den Ole und Gaino immer im Winter benutzten. Ganz in der Nähe, an einem kleinen Feuer, saß die Schwester der beiden Männer mit ihren Töchtern. Decken waren über ihre Knie gebreitet und in den Händen hielten sie Becher. Die Mädchen sprangen auf und begrüßten Cäsar, während ihre Mutter damit beschäftigt war, einen kleinen Stapel von Säckchen aus Rentierfell zu füllen. Cäsar konnte nicht erkennen, was sie hineinstopfte, aber alle Säckchen waren etwa gleich groß. Sie hatten alle zusammen Platz auf ihrem Schoß, und wenn sie voll waren, verschnürte sie sie mit Darmsehnen.

Sobald sie fertig war, nahm Mikkel ihr die Bündel ab und brachte sie zum Schlitten. Zusammen mit seinem Bruder verstaute er sie darauf und band sie mit noch mehr langen Darmsehnen fest. Die Sitzfläche hinten auf dem Schlitten ließen sie allerdings frei, so als ob noch Platz bleiben sollte für einen schmalen Passagier.

Mikkel rief Cäsar zu sich und streifte ihm das Geschirr über den Kopf. Cäsar machte einen Schritt nach vorn, um das Gewicht des Schlittens zu spüren. Sehr schwer war er nicht, aber Cäsar war es nicht gewohnt, Schlitten zu ziehen, bevor die Erde mit Schnee bedeckt war.

Mikkel ging zu seiner Familie hinüber, um sich zu verabschieden. Seine Schwester gab ihm ein letztes Bündel. Es war viel kleiner als die übrigen und Mikkel verstaute es auf dem Schlitten. Dann stieg er mit Cäsar langsam auf die Hochebene hinauf.

Oben angekommen, machten sie eine kurze Pause. Es sah so aus, als sei die Herde jetzt vollständig versammelt. In einer Wolke aus goldenem Staub zog sie hin und her. Das sanfte Licht der tief stehenden Sonne fiel auf die tausend samtenen Geweihe. Hufe stampften, Fußgelenke schlugen klickend aneinander. Die Männer pfiffen, schnalzten und riefen, die Rentiere murmelten leise. Diese Nacht würden sie hier im Tal verbringen und in der Morgendämmerung aufbrechen. Noch immer konnte Cäsar Ole und Gaino nicht entdecken.

Ssst! Ssst! Cäsar fühlte, wie Mikkels Peitsche durch die Luft zischte, und setzte sich in Bewegung.

Zwei Tage lang zog Cäsar mit Mikkel durch die einsame Hochgebirgslandschaft. Mikkel führte den Schlitten so wie sein Vater und sein Onkel: Wann immer der Schlitten an ein Hindernis stieß oder sich etwas in den Kufen verfing, half er, ihn freizubekommen, und sobald es bergauf oder bergab ging, lief er neben Cäsar her. Er aß aus einem kleinen Lederbeutel, den er sich umgebunden hatte – Streifen von getrocknetem Fleisch, Nüsse und Beeren –, aber kein einziges Mal rührte er die Bündel auf dem Schlitten an.

Der Weg, den sie nahmen, war nicht derselbe, dem die Herde morgen früh folgen würde. Weiter oben stießen sie auf den Fluss und mussten bis zum Morgengrauen auf ein Boot warten, mit dem sie übersetzen konnten. Eine zweite Tagesreise brachte sie zu einem Wald am Fuß der großen bläulichen Berge. Mikkel ließ Cäsar nun langsamer laufen und blieb oft stehen, um Blätter zu befühlen oder einen prüfenden Blick zum Himmel zu werfen. Sie passierten einen lang gestreckten blauen See und zogen weiter auf die Hochebene, die ihn umgab. Gerade als es zu dämmern begann, kamen sie zu einer offenen Lichtung.

In der Mitte der Lichtung stand ein einzelner Baum – schwarz, abgestorben, von oben bis unten gespalten. Mikkel führte Cäsar zu einer Gruppe schroffer Felsen auf der gegenüberliegenden Seite der Lichtung. Am Fuß der Felsen lag der Eingang zu einer kleinen Grotte. Ein Ring aus Rentiergeweihen, die alle ineinander verhakt waren, war schützend davor aufgestellt.

Mikkel kniete vor der Höhle nieder und wartete, bis der Schatten des toten Baumes auf seinen Rücken fiel. Dann stieg er über den Ring aus Geweihen hinweg in die Höhle hinein. Cäsar hörte, wie ein Stein beiseite geschoben wurde. Als Mikkel wieder im Eingang der Höhle erschien, hielt er ein Bündel im Arm.

Es war ein wenig größer als die Säckchen auf dem Schlitten und war in Bärenfell gewickelt. Mikkel trug es über die Geweihe, und mit derselben Vorsicht, mit der er vielleicht einen Säugling gehalten hätte, legte er es auf den Sitz hinten auf dem Schlitten. Ebenso wie die anderen band er es mit Darmsehnen gut fest, und noch bevor die Sonne sehen konnte, was er getan hatte, führte er Cäsar wieder über die Lichtung, vorbei an dem schwarz verbrannten Baum und zurück auf denselben Pfad, auf dem sie gekommen waren.

Noch dämmerte es, als sie einen schmalen Felsvorsprung oberhalb des glatten blauen Sees erreichten. Die Gipfel der Berge ringsumher steckten in Wolken. Mikkel wies mit dem Kopf in die Ferne und sprach zu Cäsar, ohne ein Wort zu sagen. Er legte eine Hand erst auf den Kopf des Rentiers, dann auf seine eigene Brust. Er legte die Innenseite seiner Hände flach aufeinander und löste sie dann wieder: Mikkel würde Cäsar hier verlassen.

Er griff in seinen Mantel, zog einen Handschuh aus Rentierfell heraus und hielt ihn vor Cäsars Nüstern. Es war Gainos Handschuh. Mikkel verstaute ihn zwischen den Bündeln auf dem Schlitten, dann wies er mit dem Finger auf das andere Seeufer: Irgendwo dort drüben war Gaino. Und Ole auch. Irgendetwas musste passiert sein. Irgendetwas stimmte nicht.

Mehr sagte Mikkel nicht. Er warf Cäsar eine Hand voll Pilze vor die Hufe, klopfte ihm noch einmal auf den Nacken und ging dann allein den Weg zurück.

Cäsar folgte ihm nicht. Er lauschte Mikkels Schritten, die immer schwächer zu hören waren. Dann war alles wieder still. Nun war da nichts mehr – nur noch Cäsar, der Schlitten, der See und der Mond.

TEIL II

2

Piorello und Bette begegneten einander zum ersten Mal auf der ausgestreckten Hand eines Mädchens mit einem Kranz weißer Blüten im Haar. Es war ein Spätsommertag, und nicht lange bevor das Mädchen kam, war ein kurzer Regenschauer über dem Wald niedergegangen. Wie immer war das Mädchen auf einmal dort aufgetaucht, wo der schmale Weg, der am Seeufer durch den Wald führte, eine Biegung machte.

Fast den ganzen Sommer über war es jeden Tag zur selben Zeit gekommen und hatte ihnen Samenkörner gebracht, und so riefen die Spatzen in jenem Teil des Waldes einander gleich herbei, sobald das Mädchen heute erschien, den weißen Blumenkranz im goldbraunen Haar. Sie sammelten sich im Wacholder und das Mädchen blieb stehen. Es griff in einen kleinen braunen

Beutel und füllte eine Hand mit Samenkörnern. Kaum hatte es den Arm ausgestreckt, kamen die Vögel auch schon herbei. Einer nach dem anderen flogen sie von ihren Ästen herunter und landeten auf der Hand des Mädchens, pickten ein paar Körner auf und flogen damit zurück, um in Ruhe die Schale zu knacken und den Kern zu essen. Dann warteten sie ab, bis sie wieder an der Reihe waren.

Piorello und Bette kamen erst spät zur Fütterung, und weil sie auf gegenüberliegenden Seiten des Wacholders gelandet waren, bemerkten sie einander zunächst gar nicht. Erwartungsvoll starrten sie auf die Hand des Mädchens, und als sie sahen, dass die Hand frei war und kein anderer Vogel auf dem Weg dahin, hüpften sie gleichzeitig von ihren Zweigen. Genau im selben Moment flogen sie beide los und landeten – zu ihrer großen Überraschung – gleichzeitig auf der ausgestreckten Hand, einer dem anderen gegenüber.

Keiner der beiden wusste, was er tun sollte. Vorsichtig beäugten sie einander. Bette nahm sich ein Samenkorn, Piorello auch, und dann machten sie kehrt und flogen zu ihren Ästen mit den spitzen Nadeln zurück, gerade so, als wäre überhaupt nichts Außergewöhnliches passiert. Und doch wussten beide, dass etwas geschehen war.

Es war nicht so, als hätten sie sich nicht gekannt. Beide waren sie im vergangenen Sommer ausgeschlüpft, und da sie zur selben Schar gehörten, saßen sie oft in denselben Bäumen und Büschen. Bette erkannte Piorello an dem braunen Halbmond in seinem Nacken und an seinem Ruf, einem kurzen Tschilpen. Am besten erkannte sie ihn aber an seinen Flugkünsten. Von allen Spatzen ihrer Schar war Piorello mit Abstand der wagemutigste. Er flog die schnellsten und hübschesten Pirouetten zwischen den Bäumen hindurch, landete aber trotzdem immer in vollendeter Haltung.

Piorello hingegen erkannte Bette an ihren Gesangskünsten, worin sie ihrerseits allen anderen Mitgliedern der Schar überlegen war, vor allem deswegen, weil sie ein Weibchen war und die Weibchen meistens nicht so schön singen. Bette war eine Ausnahme, und zwar so sehr, dass sie oft für eine Lerche gehalten wurde, wenn jemand sie nur hörte, aber nicht sah.

Und deswegen wussten Bette und Piorello sehr gut, als sie an jenem späten Nachmittag jeder auf seinen Ast im Wacholder zurückflogen, mit wem sie da soeben beinahe zusammengestoßen waren. Sobald Piorello gelandet war, schaute er wieder zu Bette hinüber. Er sah, wie sie sich vorbeugte, um die Schale ihres Samenkorns zu knacken, und als sie sich aufrichtete und sah, dass sie beobachtet wurde – und von wem –, da war sie so verwirrt, dass sie ihr Samenkorn fallen ließ.

»Warte«, rief Piorello ihr zu, die Gunst der Stunde nutzend, schwang sich blitzschnell noch einmal zu dem Mädchen hinüber, pickte ein zweites Samenkorn auf und flog dann zurück in den Busch, dieses Mal auf Bettes Seite.

Nach einer großen Schleife unterhalb ihres Astes landete er sanft neben ihr.

Bette war zunächst überrascht, doch als Piorello die Schale knackte, den Kern auslöste und ihr hinhielt, nahm sie ihn an.

»Bette«, zwitscherte er.

»Piorello«, sang sie.

Piorello. Aus ihrem Schnabel klang sein Name so hübsch, dass der Spatz sich kaum zu fassen wusste. Er hüpfte auf den Ast oberhalb von Bettes Kopf. »Bist du schon mal bei der Weide gewesen?«, fragte er sie.

»Da, wo die Gänse gern ihr Nickerchen halten?«

Piorello nickte.

»Aber gehört die Weide denn nicht der Katze?«

Er nickte wieder. »Das war mal. Jetzt hat die Katze keine Krallen mehr und kommt nicht auf den Baum.« Schnell wie ein Pfeil flog Piorello auf den Ast einer niedrigen Birke auf der anderen Seite des Weges. »Komm mit!«

Bette folgte ihm. Er flog ihr voraus, immer den Weg entlang, bis sie nach einer Kurve durch die Bäume hindurch den blauen See sehen konnten. Noch eine Biegung, und da war sie auch schon – eine Trauerweide, die sich weit über das Wasser lehnte und deren Zweige so lang und schwer waren, dass sie die sanften Wellen des Sees streiften.

»Hier lang.« Piorello führte sie um den Baum herum zu einer schmalen Öffnung zwischen den Zweigen. Unten gab es ein steinernes Wasserbecken, und mitten darin stand die kleine Statue einer Frau mit einem Schal über dem Kopf und leicht ausgestreckten Armen.

»Hier bin ich schon mal gewesen!« Bette stand auf dem Kopf der Statue und sah hinunter auf die grau-grüne Kopfbedeckung. »Als ich noch jünger war, zusammen mit meinen Geschwistern.«

Piorello nickte. »Aber alle glauben, die Katze wäre noch immer hier. Siehst du?« Er flog hinüber zu dem vornübergebeugten Stamm und um einige Äste herum, bis er sich schließlich auf eine Astgabel oberhalb des Wasserbeckens setzte. »Hier ist niemand. Oder wenigstens niemand außer den Gänsen, aber auch die kommen nur, wenn es besonders heiß ist.«

»Ach so«, antwortete Bette und hüpfte neben ihn auf den Ast. »Danke, dass du's mir gezeigt hast.«

Piorellos Brust schwoll an. »Warte hier!« Er sprang wieder zum Wasserbecken hinunter und blickte zu ihr hinauf. »Und bleib da sitzen!« Er drehte sich um und flog wieder zurück auf den Weg, bis er nicht mehr zu sehen war.

Bette blieb auf ihrem Ast sitzen. In der Ferne läuteten Glocken. Die Bäume bewegten sich leicht im Nachmittagswind, und Bette hörte, wie die Spatzen einander herbeiriefen, aber sie schienen ihr so weit weg.

»Piorello?«, rief sie. Sie wartete, aber es kam keine Antwort. »Piorello?« Wieder lauschte sie, aber nichts war zu hören außer dem entfernten Schnattern der Gänse. Bette fragte sich, wo Piorello hingeflogen sein mochte, und war fast so weit, ihren Ast zu verlassen, um nach ihm zu suchen, als er sich plötzlich mitten durch die langen Zweige der Weide am See drängte.

»Hier bin ich!«, rief er.

»Piorello, du tust dir weh!«

»Nein, nein, keine Sorge.« Mit leuchtenden Augen sah er sie an. »Noch einmal.« Er schoss hinunter zum Wasserbecken und verschwand den Pfad hinauf. Wieder blieb Bette allein auf ihrem Ast zurück.

Dieses Mal nutzte sie die Zeit, um sich umzuschauen. So friedlich war es hier! Dort, wo sie durch die Zweige hindurchschauen konnte, sah sie weißen Himmel über sich. Bette sah zu, wie die Spitzen der Zweige übers Wasser strichen. Was für ein abgeschiedener Ort, dachte sie. Wie still es hier ist, und wie geschützt!

»Piorello?«, rief sie. »Bist du da?«

Schon raschelte es in den Zweigen und Piorello war da. Doch als er dieses Mal neben ihr landete, sah sie, dass er eine Kiefernnadel im Schnabel hielt.

Bette war verblüfft. »Aber ich habe noch nie ein Nest gebaut!«

Piorello legte ihr die Nadel zu Füßen. »Ich auch nicht, aber wir könnten es doch versuchen.« Er hüpfte auf einen der längeren Äste. »Wie wäre es hier?«

Bette überlegte. Noch nie hatte sie gehört, dass von den anderen Spatzen jemand sein Nest in einer Weide gebaut hätte, und als sie sich umsah, verstand sie eigentlich nicht, warum, oder anders gefragt, warum nicht, vor allem jetzt, wo die Katze weg war.

»Was meinst du?«, fragte Piorello.

»Einverstanden. Aber nicht hier. Hier ist es zu hoch.«

Piorello hüpfte auf einen Ast weiter unten und präsentierte ihn Bette. »Hier?«

Nein, Bette schüttelte den Kopf. »Zu ungeschützt.«

Die nächste Stelle, die Piorello vorschlug, war anscheinend zu dunkel, während es an der übernächsten zu kalt war. Erst als er dahin zurückkehrte, wo Bette saß und wartete – bei der Astgabel –, da gab ihm Bette mit einem raschen Schlagen der Schwanzfedern endlich ihr Einverständnis.

»Gut«, sagte er und flog sogleich davon, um herbeizuschaffen, was sie brauchen würden, bevor Bette womöglich ihre Meinung änderte.

Doch das tat sie nicht. Sie verbrachten den Nachmittag damit, aus Kiefernnadeln, trockenen Zweigen und Gräsern vom Waldboden ihr Nest zu bauen. Piorello brachte alles in kleinen Bündeln zu Bette hinauf, die es ihm abnahm und um einen kleinen Astknoten in der Nähe der Gabelung wand. Sie verflocht alles zu einer Schale, die sie mit Moos auskleidete, das Piorello ihr brachte, mit Hundehaar und Rabenfedern.

Es begann gerade zu dämmern, als Bette Piorellos letzte Gabe ablehnte – ein Büschel Gänsedaunen. Sie trat einen Schritt zurück, um ihr Werk zu betrachten. »Ich glaube, das reicht.«

»Reicht?« Piorello ließ die Gänsedaunen fallen. »Das ist wohl mehr als ausreichend.« Mit einem Satz war er im Nest. »Das hält was aus.« Er kuschelte sich hinein. »Und warm ist es auch. Also, ich finde, jeder Vogel könnte von Glück reden, wenn er so ein Nest sein Zuhause nennen dürfte.«

»Und so einen Baum.«

Der Wald um sie herum schien zu murmeln, dann war hier und da ein Knacken zu hören. Die beiden Spatzen blickten hoch durch den grünen Schleier, der sie umschloss. Es hatte zu regnen begonnen.

»Macht nichts«, meinte Piorello. »Hier kommt nicht viel durch.« Er kletterte aus dem Nest, um sich wieder neben Bette auf den Ast zu hocken. Ihr fiel auf, dass er eine kleine Distel in seinem Nacken stecken hatte, und sie beugte sich über ihn, um sie herauszuziehen.

»Danke.« Er neigte den Kopf, und nun begann für sie beide der Abend. Während der Himmel und die ganze Welt außerhalb der Weide in immer tieferes Blau getaucht wurden, drängten sich Bette und Piorello aneinander und begannen ihr Liebesspiel. Sie lauschten dem Regen, der durch die Zweige tropfte. Sie sahen zu, wie das Wasser im Steinbecken immer höher stieg, und als es völlig dunkel geworden war, schlüpften sie in ihr Nest und verbrachten ihre erste Nacht zusammen – warm und trocken und geborgen.

In den folgenden Tagen ließen Bette und Piorello einander kaum aus den Augen. Wenn die Sonne am Himmel stand, flogen sie ein Weilchen mit den übrigen Vögeln ihrer Schar. Auch wenn das Mädchen mit den Samenkörnern kam, trafen sie die anderen im Wacholderbusch, doch keinem erzählten sie von ihrem geheimen Ort. Die Einzigen, die sie je bei der Weide zu Gesicht bekamen, waren die Graugänse, die manchmal den Schatten des Baumes suchten, doch auch sie schwammen leise davon, sobald sie die Spatzen zurückkehren sahen, denn sie wollten die beiden jungen Vögel nicht stören.

»Ich bin dein«, sang Bette immer wieder, und jedes Mal antwortete ihr Piorello: »Für immer dein.«

Er flog zwischen den Ästen umher, und sie sah ihm zu. »Wir beide, Bette – wir gehören jetzt zusammen.«

»Ja, wir gehören zusammen, wir zwei.«

»Für immer zusammen – Bette und ich.«

»Piorello und ich«, antwortete sie.

Es dauerte nicht lange, bis so viel Hingabe Früchte trug und Bette drei blassgrüne Eier in ihr Nest legte.

Danach flogen weder sie noch Piorello mit den anderen Spatzen umher. Sie mussten dafür sorgen, dass ihre Eier ständig warm und in Sicherheit waren. Bette saß immer nachts auf ihnen, und vormittags und nachmittags wechselten sie sich ab.

Die Graugänse, die es sich unter der Weide gemütlich machten, kamen gar nicht umhin, aufmerksam zu werden. »So ein sonniger Tag«, riefen sie hinauf. »Man sollte meinen, Piorello, da müsste man dich drüben bei den Birken herumfliegen sehen. Heißt das vielleicht, dass es gute Nachrichten gibt?«

»Stimmt«, antwortete Piorello, »sehr gute Nachrichten«, aber mehr sagte er nicht, bis zehn Tage vergangen waren und ein Schnäbelchen sich durch die erste der kleinen grünen Schalen bohrte. Zusammen mit Bette sah er zu, wie sich ein winziges Küken herauswand. »Ein Sohn!«, rief Piorello. »Ein Sohn!«

»Herzlichen Glückwunsch«, rief eine Gans aus dem Schilf nach oben. »Und wie soll er heißen?«

»Pavel«, antwortete Bette.

In diesem Moment hörten sie ein zartes Klopfen. Wieder pickte ein Schnäbelchen eine Eischale auf, und gleich darauf befreite sich ein zweites Küken. »Eine Tochter!«, verkündete der Vater.

»Und sie soll Rhone heißen«, sagte Bette.

Beide Eltern blickten jetzt gespannt auf das letzte der drei Eier, aber es tat sich nichts. Während die Gänse unten neugierig auf und ab trieben, schauten Bette und Piorello erwartungsvoll auf das Ei, aber es blieb rund und unbeweglich. »Geh du nur«, sagte Bette zu Piorello. »Ich bleibe hier und warte, aber Pavel und Rhone brauchen jetzt etwas zu essen.«

Piorello stimmte ihr zu und flog rasch davon. Er suchte ein paar Grassamen, genug für drei Nestlinge, doch als er zur Weide am See zurückkehrte, waren die Gänse nicht mehr da und das dritte Ei lag am Boden, aus dem Nest geworfen.

Er blickte auf. Bette beugte sich über den Rand des Nestes und schüttelte traurig den Kopf. »Es tut mir Leid«, sagte sie.

Piorello flog mit den Samen hoch und legte sie im Nest ab. »Es ist schon gut«, sagte er. »Du wirst sehen, Pavel und Rhone werden uns schon genügend auf Trab halten. Wir gehören zusammen, so wie erst du und ich. Nur dass wir jetzt zu viert sind – Pavel und Rhone und du und ich.«

»Ja«, antwortete sie entschlossen. »Du und ich.« Sie schaute auf ihre beiden Neugeborenen. »Und Pavel und seine Schwester Rhone.«

»Aber jetzt solltest du ein bisschen ausruhen, Bette. Ich suche uns beiden etwas zu essen.«

Sie nickte schweigend und Piorello flog davon.

Dieses Mal flog er immer weiter den Pfad entlang, den ganzen Weg bis hinüber zu dem grünen Rasen mit dem großen weißen Haus, dessen Fenster auf den See hinausgingen. Dort gab es ein Vogelhäuschen, das in einer Buche hing. Es war aus Birkenrinde in Form eines Giebels gebaut und war immer mit Hirse gefüllt, die Bette so gern mochte.

Piorello war gerade dabei, Körner für Bette zu sammeln, als er vom Haus her einen fremdartigen Klang hörte, wie eine Glocke, die in der Ferne läutete. Als er in die Richtung schaute, aus der der Ton zu ihm drang, nahm er plötzlich ein Bild wahr: Dort, im Eckfenster, sah er eine Blume, genauso eine, wie das Mädchen mit den Samenkörnern sie im Haar getragen hatte an dem Tag, als Bette und er einander begegnet waren. Aber diese Blume stand aufrecht und ihre Blütenblätter leuchteten weiß in einem Strahl des schon schräg stehenden Lichts.

Ich werde sie Bette bringen, dachte er. Ich werde unser Nest mit dieser weißen Blüte schmücken. Er hüpfte vom Vogelhäuschen hinunter und machte sich gleich auf den Weg. Er sauste nur so durch die Luft, über das hohe grüne Gras hinweg, direkt auf die Blume zu. Schon wollte er sie pflücken, um sie Bette zu bringen, doch im selben Moment, als er seinen Schnabel öffnete, um nach dem Stängel zu greifen, schien plötzlich der Himmel auf ihn niederzusinken, und die Welt um ihn herum wurde schwarz. Das Letzte, was er sah, war sein eigenes Bild, das ihm blitzschnell entgegenkam, und das Letzte, was er hörte, war das Klirren von Glas.

3

Elsbeth spielte gerade im Wohnzimmer Klavier, als sie auf einmal das Fenster in der Bibliothek klirren hörte. Es war der letzte Tag ihrer Sommerferien, und sie und ihr Onkel Per, der Geige spielte, hatten sich zusammengesetzt, um noch einmal miteinander ein Duett zu spielen.

Beide unterbrachen sofort ihr Spiel, als sie das Glas klirren hörten. Onkel Per hob den Bogen und legte den Kopf schief. »Tibel?«

Elsbeth lief los, um nachzusehen, und schlitterte auf ihren Strümpfen quer durch die Eingangshalle bis zur Schwelle der Bibliothek, deren Tür offen stand.

Wie düster war dieser Raum, selbst an einem so sonnigen Tag wie diesem – düster und kühl. Kein Feuer wärmte ihn, kein Lampenlicht. Die Bibliothek war jetzt das Reich von Tibel, dem Hausgeist. Früher war es Großvaters Lieblingsraum gewesen, hier hatte er all seine Bücher und Jagdtrophäen aufbewahrt, hier stand der größte Kamin des Hauses. Doch seit Großvaters Tod war die Bibliothek mehr oder weniger von Tibel übernommen worden, und der Haushalt hatte gelernt, das zu respektieren. Nicht einmal Marta, die Katze, ging noch hinein. Die Einzige, die ab und zu herkam, war Fräulein Gulbrandsen, die Haushälterin, und auch sie tat es nur, um Staub zu wischen oder frische Blumen in die Vase zu stellen.

»Tibel?« Elsbeth streckte den Kopf hinein. »Bist du da?«

Onkel Per trat hinter sie. »Tz, tz«, machte er und wies mit dem Kopf zum Erker hinüber. Eine der Glasscheiben des Sprossenfensters war zerbrochen, und auf der Fensterbank, neben einer Vase mit einer Lilie, lag ein Spatz.

»Tibel?« Elsbeth machte einen erneuten Versuch. »Ich komme jetzt rein.«

Sie wartete, aber es kam keine Antwort.

»Ich gehe in die Küche«, flüsterte Onkel Per ihr zu. Er berührte sie sanft mit dem Geigenbogen und ging.

Elsbeth holte tief Luft und trat ins Zimmer. Es war nur ein Schritt, doch sofort spürte sie es. Die Luft war anders hier. Es fiel ihr schwer zu atmen. Sie sah sich um. Sie selbst hatte Tibel nie gesehen, aber die Großmutter und Fräulein Gulbrandsen hatten ihr seine verräterischen Spuren gezeigt – ein Fleck auf dem Boden, wo etwas verschüttet war, ein schief hängendes Bild, ein heruntergefallenes Buch.

Elsbeth konnte nichts dergleichen entdecken. Alles war

wie immer – die Regale mit ihren ordentlichen Buchreihen, der steinerne Kamin, dessen Öffnung wie eine schwarze Höhle klaffte, und über Elsbeths Kopf die Trophäen des Großvaters, wie immer scheinbar ins Gespräch vertieft: der Rentierkopf, der an der Wand hing, der große Braunbär mit seinen ausgestreckten Pranken, der hoch aufgerichtet zu knurren schien, daneben die ausgestopfte Schneeeule, die auf einem Sockel stand und mit finsterem Blick jeden musterte, der es wagte hereinzukommen. Elsbeth fühlte den Blick in ihrem Nacken, als sie rasch zum Fenster hinüberlief.

Sie war fast dort, als ihr Bruder ihr plötzlich gegenüberstand. Sein Gesicht leuchtete vor Aufregung.

»Der muss ja wirklich mit voller Wucht dagegen geknallt sein!« Dann sah er seine Schwester an. »Du dürftest eigentlich nicht hier sein.«

»Wir dürfen hier hereinkommen.« Sie kniete sich auf das Sitzkissen, nachdem sie sich vergewissert hatte, dass da keine Scherben lagen. »Und solltest du nicht das Krocketspiel aufräumen?«

Miles verzog das Gesicht und wandte seine Aufmerksamkeit wieder dem Vogel zu. »Siehst du«, sagte er belehrend, »einer Fledermaus wäre das nicht passiert.« Er berührte den braunen Halbmond im Nacken des Tieres. »Trotzdem sollten wir ihn vielleicht begraben.«

»Woher willst du wissen, dass er tot ist?«

Miles hob einen Flügel des Vogels hoch und ließ ihn dann schlaff herunterhängen. »Sieht ganz so aus.«

»Das muss aber nicht heißen, dass es auch wirklich so ist.« Elsbeth streckte die Hand aus, um den Flügel wieder neben den Körper zu legen, doch Miles machte einen Schritt nach hinten.

»Du willst doch wohl auch, dass er in den Himmel kommt, oder?« Mit weit geöffneten Augen funkelte er sie herausfordernd an, dann drehte er sich weg vom Fenster und ging mit dem Vogel in der Hand hinaus, dorthin, wo sich unterhalb der Veranda ein kleiner Werkzeugschuppen befand.

Elsbeth sprang auf und rannte zurück in die Eingangshalle. Sie nahm sich nicht einmal die Zeit, ihre Schuhe wieder anzuziehen. Sie hastete die Stufen hinunter, doch als sie bei der Tür des Schuppens anlangte, griff Miles bereits nach einer kleinen Schaufel, die an einem Wandhaken hing.

»Wo ist der Vogel?«, fragte sie.

»Hier im Handschuh.« Er hatte einen der alten Gartenhandschuhe seiner Großmutter genommen und den Spatz hineingestopft.

»Wozu das?«

»Damit der Hund ihn nicht wittert und wieder ausgräbt.« Mit einer Kopfbewegung bedeutete er ihr, ihn vorbeizulassen, und ging hinaus.

Beide zusammen gingen sie über den Rasen, vorbei an den verbogenen Toren und schiefen Pfosten des Krocketspiels.

»Und wo willst du ihn hinbringen?«

»Weiß noch nicht.« Er blieb stehen und sah flüchtig zum Haus hinüber. »Es wäre mir ganz lieb, wenn die Goldschranze uns nicht dabei sehen würde.«

»Dann lass uns doch hier langgehen.« Elsbeth wies auf ihren Vogelweg am Waldrand. »Ich weiß einen guten Platz.«

»Piorello?«, rief Bette. »Piorello?« Sie vermutete, dass er wieder einen seiner Späße machte und jeden Moment durch die Zweige der Trauerweide geflogen kommen würde. Trotzdem fand sie, dass er ungewöhnlich lange brauchte, und da auch die Kleinen schon hungrig ihre Schnäbelchen aufsperrten, wurde sie etwas unruhig. »Piorello?«

»Bette?«, kam die Antwort, aber es war die Stimme ihres Vetters Emil. Er hüpfte in das Wasserbecken unter dem Baum und sah zu ihr hoch. »Bette, was machst du denn da?«

»Du hast nicht zufällig Piorello gesehen, oder?«

»Nein.« Er flog zu ihr hinauf und spähte in das Nest. »Sind das deine?«

»Unsere«, antwortete Bette.

»Piorello?«

Sie nickte. »Aber er ist losgeflogen, um Futter zu suchen, und ist nicht wiedergekommen.«

»Dann wird er heute wohl leer ausgehen.« Emil drehte sich um. »Sieh mal, wer da kommt.«

Unten an der Wegbiegung war das Mädchen aufgetaucht. Der Junge aus dem Haus war auch dabei, und einige Vögel umschwärmten die zwei bereits eifrig.

Es sah aber nicht so aus, als hätte das Mädchen heute Samen dabei. Mit einer eigenartig feierlichen Miene kam es den ganzen Weg hinauf bis zum Fuß der Weide, wo es stehen blieb und auf den Boden neben dem Wasserbecken zeigte. Der Junge kniete sich hin. Er hatte eine flache Schaufel dabei, die er sogleich in die Erde stieß. Das Mädchen kniete sich neben ihn und sah zu. Als das Loch, das er grub, so tief wie seine Faust war, streckte er die Hand aus. Das Mädchen reichte ihm ein kleines Bündel, das er in die Mulde legte. Der Junge murmelte etwas in der so fremd klingenden Sprache dieser Kinder. Das Mädchen wiederholte den Satz. Dann berührten beide gleichzeitig ihre Stirn, die Brust und, von links nach rechts, beide Schultern. Der Junge nahm den Spaten wieder auf, doch als er eben einen Klumpen Erde von dem Häufchen neben der Mulde nehmen wollte, ertönte lautes Gekeife vom Ende des Wegs herüber.

Eine kräftige Frau erschien an der Wegbiegung. Als sie die Kinder erblickte, blieb sie stehen, stemmte beide Arme in die Seiten und schimpfte weiter.

Der Junge wartete, bis sie geendet hatte, und antwortete dann mit einem wütenden Kopfschütteln. Doch die Frau blieb fest. Sie stampfte mit dem Fuß auf und wies mit einem Finger aufs Haus.

Schließlich gab der Junge nach. Aber nur der Junge. Er richtete sich auf und fing an, den Weg hinaufzugehen, allerdings so langsam, dass die Frau ihm einen heftigen Stoß in den Rücken gab, als er an ihr vorbeikam.

Das Mädchen kniete weiter beim Wasserbecken, doch jetzt hatte es etwas Verstohlenes an sich, etwas von einer Katze. Sie wartete, bis ihr Bruder und die Frau um die Ecke verschwunden waren, dann griff sie in die Mulde und nahm das Bündel wieder heraus. Sie spähte hinein, stand auf, steckte das Bündel in die Tasche ihres Kleides und ging ebenfalls den Waldweg hinauf.

Alle Vögel der kleinen Schar hatten sie verblüfft beobachtet. Nun flogen einige davon, andere folgten ihr ein Stück, darunter auch Bettes Vetter Emil. Bis zur Biegung begleiteten sie sie, doch als sie sahen, wie eilig sie abbog, flogen sie in alle Richtungen auseinander. Wieder einmal blieb Bette allein zurück.

»Piorello?«, rief sie. »Piorello?«

Miles zog gerade den ersten Pfosten vom Krocketspiel aus der Erde, als Elsbeth an ihm vorbeiging. Misstrauisch blickte er auf. »Wohin gehst du?«, fragte er.

»Ein Kreuz bauen.«

»Hast du den Vogel auch nicht da liegen lassen?«

Elsbeth zeigte ihm den Handschuh und streckte die Zunge heraus.

»Schon gut, aber beeil dich ein bisschen.«

Sie betrat den Schuppen und schloss sorgfältig die Tür hinter sich. Als Erstes nahm sie den Spatz aus dem Handschuh. Miles hatte sich getäuscht, das wusste sie.

»Es wird alles wieder gut«, sagte sie und strich ihm zart über das Gefieder. »Du wirst schon sehen.«

Auf dem Bord an der Wand stand eine ganze Reihe brauner Tüten, die mit Samen, Blumenzwiebeln, Schoten oder Bohnen gefüllt waren. Elsbeth nahm eine Zwiebel aus einer Tüte mit der Aufschrift *Lilie* und steckte sie in den Handschuh. Sie war etwa so groß wie der Spatz. Dann nahm sie einen der Tomatenstecken ihrer Großmutter, brach ihn übers Knie und band die zwei Hälften in Form eines Kreuzes zusammen. Sehr stabil sah es nicht aus, aber sie wollte möglichst schnell machen, um keinen Verdacht zu wecken. Sobald das Kreuz also einigermaßen hielt, steckte sie den Vogel behutsam in die Tasche ihres Kleides, griff nach dem Kreuz und dem Handschuh mit der Blumenzwiebel und verließ den Schuppen.

Miles wartete auf sie auf dem Rasen. Die Tore, Pfosten und Schläger des Krocketspiels waren inzwischen alle weggeräumt. Als er das Kreuz in Elsbeths Hand sah, spottete er: »Das hält ja gerade mal zwei Tage!«

»Was anderes gab es nicht.«

»Hast du den Vogel?«

Elsbeth klopfte mit der Hand auf ihre Tasche und sprang an seine Seite. Dann kehrten die beiden gemeinsam auf den Pfad zurück.

»Piorello?« Noch immer rief Bette, denn ihr Gefährte war auch jetzt noch nicht zurückgekehrt von der Futtersuche. »Piorello?« Doch der Wald blieb stumm, bis von neuem eine Gruppe Spatzen über dem Weg angeflogen kam. Aufgeregt zwitschernd flogen sie um das Mädchen und den Jungen herum.

Wieder gingen die beiden geradewegs zum Fuß der Weide und nahmen ihre Plätze neben dem Wasserbecken ein. Dieses Mal reichte das Mädchen dem Jungen zwei gekreuzte Stöckchen, die dieser am langen Ende ergriff und tief in das Loch hineinstieß. Das Mädchen setzte das Bündel behutsam daneben, und dann fingen beide an, die Erde darüber zu häufeln. Dann klopften sie sie so lange fest, bis der Boden wieder eben war und die gekreuzten Stöcke aufrecht darin standen.

Noch einmal murmelten sie etwas und berührten dabei gleichzeitig Stirn und Schultern. Der Junge erhob sich und bürstete seine Knie ab, das Mädchen tat es ihm nach, und dann gingen beide den Weg zurück, mit demselben feierlichen Ausdruck, den ihre Gesichter schon auf dem Hinweg gehabt hatten.

Wie zuvor folgten ihnen die Vögel ein Stück, bevor sie enttäuscht in alle Richtungen davonflogen. Wie zuvor blieb Bette mit Pavel und Rhone in ihrem Nest zurück, nur dass sie jetzt noch beunruhigter war als beim ersten Mal.

»Piorello?«, rief sie. »Piorello?«

Als sie wieder beim Rasen angelangt waren, trennten sich die Geschwister. Miles ging zum Bootssteg hinunter, um noch ein letztes Mal zu angeln, während Elsbeth ins Haus zurückkehrte. Unauffällig wiegte sie den Vogel in ihrer Tasche.

Sie ging gleich nach oben, doch als sie bereits auf der zweiten Treppe war, hörte sie die Stimme ihrer Großmutter.

»Hat es einen Unfall gegeben?«

Elsbeth ging die Treppe wieder hinunter und blieb in Großmutters Tür stehen. Die alte Dame saß am Fenster und blickte auf den See hinaus.

»Miles hat ein Glas fallen lassen.«

Großmutter nickte, ließ aber keinen Blick vom Wasser. »Und wann werde ich dich und deinen Bruder wieder sehen?«

»Vielleicht nächsten Sommer, hat Vater gesagt. Möglicherweise kann er dann auch von London herüberkommen.«

Großmutter lächelte eher ungläubig. Sie wies auf ihr Nachttischchen. »Bist du mal so lieb und schaust für mich in die Schublade?«

Elsbeth ging hin und zog die Lade auf.

»Siehst du eine kleine Schatulle darin?«

Eine flaches Etui aus Silber lag da. Elsbeth zeigte es der Großmutter.

»Dachte ich mir doch, dass Tibel etwas hineingelegt hat. Ich glaube, es ist für dich.« Sie schlug leicht mit der Hand auf eines ihrer Beine. »Komm, wir wollen mal nachsehen.«

Elsbeth ging hinüber zur Großmutter und hockte sich

ihr zu Füßen. Behutsam öffnete sie das Etui. Auf einer Watteschicht lagen eine silberne Kette und ein Medaillon mit einem Bildnis der Jungfrau Maria.

Großmutter lächelte. »Wo mag er das nur gefunden haben? Ich glaube, das ist dasselbe Medaillon, das deine Mutter mitgenommen hat, als sie so alt war wie du und ins Internat kam.«

Elsbeth drehte das Schmuckstück um. Auf der Rückseite waren die Initialen ihrer Mutter eingraviert.

»Vielen Dank«, sagte sie leise.

»Bei Tibel musst du dich bedanken.«

»Danke, Tibel.« Elsbeth ließ ihren Kopf auf das Knie der Großmutter sinken. »Vielleicht könntest du ja zu uns nach England kommen. Was meinst du? Vielleicht zu Weihnachten?«

Großmutter lächelte und sah aus dem Fenster. »Wahrscheinlich werde ich dann hier sein.«

»Willst du denn nicht wenigstens in den Süden, nach Christiania?«

»Ich glaube nicht.«

Elsbeth blickte auf den See hinaus. Sie sah Miles, der bewegungslos in seinem Boot saß und angelte. »Wird es denn dann nicht schrecklich kalt und dunkel hier im Norden?«

»Das schon.« Die Großmutter strich Elsbeth übers Haar. »Aber das Licht ist ganz anders als im Sommer. Deiner Mutter hat es nichts ausgemacht, als sie ein junges Mädchen war. Ihr gefiel es sogar besser.« Sie zog die

Enkelin leicht am Haar. »Aber in London ist es bestimmt auch nett. London ist sehr schön an Weihnachten.«

»Bestimmt.«

»Hast du schon alles gepackt?«

Elsbeth nickte gedankenverloren.

»Du schaust besser noch mal nach. Mr Doogan wird bald zurück sein.«

Elsbeth gab sich einen Ruck. »Danke, Großmama.« Sie küsste die alte Dame auf beide Wangen. »Vielen Dank.« Dann ging sie hinauf in ihr Zimmer, in der Tasche den kleinen Vogel, in der Hand das neue Medaillon.

Viel gab es wirklich nicht mehr zu tun. Das meiste von dem, was sie für die Schule brauchte, würde der Vater von London aus schicken, alles andere war bereits zum größten Teil verpackt. Sie besaß eine Seekiste, einen Kleidersack aus festem Polsterstoff, der mit ihren Kleidern gefüllt war, eine regendichte Hülle für ihr Reiseplaid und ihren Mantel, eine rechteckige Handtasche, einen Schirm und eine Hutschachtel.

Die Hutschachtel stand auf dem Bett, und Marta, die Katze, hatte sich auf dem Deckel zusammengerollt. Elsbeth beförderte sie mit einem kleinen Schubs auf den Boden und entfernte den Deckel der Schachtel. Drei Puppen waren darin, zwei aus Porzellan, eine aus Stoff, außerdem ein Plüschkaninchen. Elsbeth schob sie etwas beiseite, um Platz zu schaffen, und legte ihr Medaillon in die Schachtel.

»Raus mit dir jetzt, Marta!« Sie scheuchte die Katze hinaus und schloss die Tür hinter ihr. Dann nahm sie den Vogel aus der Tasche und streichelte ihn. »Du kommst schon wieder in Ordnung, du wirst sehen.« Sie küsste ihn auf den Kopf und setzte ihn ebenfalls in die Hutschachtel, zwischen die vielen weichen Rüschen der Puppenkleider.

Der Deckel lag auf dem Kopfkissen. Elsbeth nahm ihre Schere aus einer Schublade der Kommode und stieß sieben Löcher in den Karton. »Du wirst schon sehen«, wiederholte sie, als sie den Deckel zurück auf die Schachtel setzte. Nun war alles wieder im Dunkeln verborgen – die Puppen, das Medaillon und der Vogel –, und Elsbeth setzte sich auf ihr Bett, um auf Mr Doogan zu warten.

4

Die ganze Nacht lang wartete Bette in ihrem Nest, während sie Pavel und Rhone unter ihren Flügeln wärmte. Immer wieder rief sie nach Piorello, aber es kam keine Antwort. Als es Morgen wurde, rief sie ihre Geschwister, die Vettern und Kusinen herbei, damit sie ihr Samen und Maden für ihre Jungen brachten. Sie bat die anderen Spatzen auch, nach Piorello Ausschau zu halten, und sie flogen vom Seeufer den ganzen Weg bis zur Straße hinüber. Doch keiner von ihnen konnte Bette etwas berichten, das ihr Hoffnung gemacht hätte. Keiner hatte den Vater von Pavel und Rhone gesehen, nicht einmal die Gänse.

Und wieder wurde es Nacht. Der Baum schien Bette auf einmal dunkler, sie fühlte sich eingesperrt. Sie wünschte, sie könnte selbst losfliegen, um Piorello zu suchen, aber wegen der Küken, die unter ihren Flügeln schliefen, konnte sie nicht einfach weg, das wusste sie. Das Einzige, was sie tun konnte, war, immer und immer wieder nach ihm zu rufen.

»Piorello? ... Piorello?«

Die ganze Nacht hindurch sang sie ihr Klagelied, aber keine Antwort kam zurück, bis der Mond hoch am Himmel stand und langsam weiterzog. Da tauchte auf einmal aus dem Nichts eine Schneeeule auf. Sie stand im Wasserbecken unter der Weide.

»Du da.« Mit strenger Miene schaute sie nach oben. Nie zuvor hatte Bette eine so weiße Brust gesehen. »Du rufst nach Piorello?«

»Ja«, antwortete Bette. »Er ist mein Mann. Hast du ihn gesehen?«

Die Eule bewegte den Kopf langsam von einer Seite zur anderen. »Er kann dich nicht mehr hören.«

Bettes Herz krampfte sich bei diesen Worten zusammen.

»Man hat ihn fortgebracht«, sagte die Eule.

»Fort? Aber wohin denn?«

Wieder wiegte die Eule den Kopf. »Übers Wasser.«

Bette schaute verwirrt über den See. Übers Wasser? Sie hatte das andere Ufer noch nie gesehen. »Geht es ihm gut?«, fragte sie.

Sie schaute wieder nach unten, doch die Eule war nicht mehr da. Sie war verschwunden, als wäre sie nie da gewesen.

Ein Traum, dachte Bette, es war alles nur ein Traum. Und doch spürte sie, wusste sie, dass die Eule die Wahrheit gesagt hatte. Piorello war irgendwo weit weg.

Aber wo?, fragte sie sich. Und warum? Sie wollten doch so glücklich sein.

Den Rest der Nacht kuschelte sie sich tief in ihr Nest. Schlafen konnte sie nicht, und so überlegte sie hin und her, was sie nur tun sollte. Sie würde sich ja auf den Weg machen, wenn sie nur fortkönnte. Sie würde um den See herumfliegen und suchen, aber sie fühlte den leisen Herzschlag ihrer Kleinen, die unter ihr lagen. Die zwei schliefen tief und fest, die ganze Nacht lang, doch Bette fühlte sich so allein wie nie zuvor.

Endlich dämmerte der Morgen. Das erste blasse Licht drang haarfein zwischen den Blättern und Zweigen hindurch zu ihr herein, doch Bette war noch viel zu traurig, um mit einem Lied darauf zu antworten. Ohne Piorello schien alles so hoffnungslos. Da hörte sie etwas, ein eigenartiges klickendes Geräusch, das durch den Wald kam, näher und immer näher, bis es langsamer wurde und direkt unter der Weide verstummte.

Bette konnte kaum durch die Zweige hindurchschauen, aber sie erkannte ein kräftiges, nicht allzu großes Tier, das einen Schlitten zog. Es hatte ein dichtes braunes Fell, ein langes Maul und sanfte schwarze Augen, die von einem Ring aus weißem Haar umgeben waren. Am auffallendsten aber war das Geweih auf seinem Kopf. Es wuchs rechts und links zwischen den Ohren aus dem

Schädel. In drei Stufen ragten die Geweihspitzen aus den Stangen und streiften immer wieder die herabhängenden Zweige der Weide, während das Tier geruhsam von den Blättern fraß.

»Hallo!«, rief Bette. »Du da unten, mit den Ästen auf dem Kopf!«

Das Rentier wandte den Kopf nach oben. »Ja?«

»Woher kommst du?«

»Von meiner Herde.« Seine Stimme war ruhig und tief.

»Und wohin willst du jetzt?«

»Auf die andere Seite vom See«, antwortete das Ren. »Weit weg von hier.« Es nahm noch ein Stückchen Weide ins Maul.

Bette betrachtete sein Geweih, das wieder die Zweige streifte. »Kann ich dich um einen Gefallen bitten?«

Wieder blickte das Rentier auf.

»Ich habe meinen Mann verloren«, erklärte Bette ihm. »Man hat ihn fortgebracht, übers Wasser, und ich würde gern nach ihm suchen, aber ich kann nicht von meinen Jungen weg.« Sie machte eine Pause. Es war sicher zu viel verlangt. »Ich habe überlegt, ob du uns vielleicht erlauben würdest, mit unserem Nest in dein Geweih umzuziehen. Dann könnte ich nach Piorello suchen und gleichzeitig meine Jungen versorgen.«

Das Rentier senkte den Kopf, um nachzudenken. Es kaute einen Moment lang – aber wirklich nur einen Moment –, bevor es sagte: »Ist gut. Aber ich kann euch nur dorthin bringen, wo der Weg breit genug ist für meinen Schlitten.«

»Das ist schon in Ordnung«, sagte Bette. »Es ist nur so, dass ich glaube, ich kann nicht länger warten.«

Das Ren nickte verständnisvoll, dann legte es den Kopf auf die Seite, um Bette sein Geweih entgegenzustrecken.

Sie wählte die zweite Stufe der rechten Geweihhälfte aus. Dort waren zwei kleine Geweihspitzen, an denen sie das Nest gut festmachen konnte. Das Ren reckte den Kopf, so weit es ging, nach oben, und so reichte es gerade eben mit den Spitzen bis an Bettes Ast. Behutsam spießte es das Nest auf und hob es herunter. Die Küken bewegten sich im Schlaf, merkten aber kaum, wie ihnen geschah, als das Nest an seinen neuen Platz kam.

Bette befestigte es, so schnell sie konnte. Mit ein paar losen Zweigen band sie das Nest an den Geweihspitzen fest. Sie arbeitete schnell und ängstlich, obwohl das Rentier klaglos dastand und graste.

»Danke«, sagte Bette mehrmals. »Ich verspreche dir auch, dass wir dir nicht zur Last fallen werden.«

Das Rentier schien unbesorgt. Es kaute in aller Ruhe weiter, bis das Nest ganz fest und sicher angebracht war.

»So«, meinte Bette dann, »jetzt müsste es eigentlich halten.«

Das Ren nickte leicht mit dem Kopf. »Fertig?«

»Ja. Und noch mal vielen Dank ... Ich weiß nicht einmal, wie du heißt.«

»Cäsar«, antwortete das Ren.

»Cäsar«, wiederholte sie. »Also, ich bin Bette, und die Kleinen heißen Rhone und Pavel.«

Das Rentier wandte seine großen schwarzen Augen freundlich nach oben. »Willkommen, Bette, willkommen, Rhone und Pavel.«

Und damit setzte sich Cäsar in Bewegung. Er zog den Schlitten über den Vogelpfad und dann mitten zwischen den Birken hindurch. Seine Hufe trommelten leicht auf dem Erdboden und seine Fußgelenke schlugen klickend aneinander, während das Geräusch der Schlittenkufen auf den ersten abgefallenen Blättern und Nadeln dieses Spätsommers wie ein Flüstern klang.

TEIL III

5

Als Piorello erwachte, war die Welt um ihn herum völlig dunkel, bis auf sieben winzige Punkte, durch die Licht zu ihm hereindrang. Wie sieben Sterne kamen sie Piorello vor. Um sich herum fühlte er etwas wie Blätter. Er bewegte die Flügel ein wenig. Es mussten Blätter sein oder eine Art Blüten, aber erkennen konnte er nichts.

»Hallo!«, rief er. »Bette? ... Bette?«

Plötzlich drang grelles Licht an seine Augen. Das Gesicht eines Mädchens war über ihm – es war das Mädchen mit den Samenkörnern, das sich über ihn beugte und mit diesen eigenartigen Lauten auf ihn einredete.

Sie streckte die Hand nach ihm aus, und Piorello war noch viel zu erschöpft, um sich zu wehren. Sie nahm ihn hoch, und Piorello sah, dass er sich in einer ganz fremden Umgebung befand, einem kleinen Zimmer. Ein Junge lag schlafend am anderen Ende. Auch ihn erkannte Piorello – es war der Junge, der so oft zum Angeln an den See kam. Viel mehr aber interessierte Piorello sich für das große Guckloch in der Wand, durch das er eine ungewohnte, beunruhigende Aussicht hatte. Wasser war dahinter. Wasser und Himmel, und dazwischen nichts.

Wo bin ich nur?, dachte Piorello. Und wo ist Bette?

»Schschsch«, machte das Mädchen und strich ihm über den Kopf. Erst jetzt merkte Piorello, wie weh er ihm tat. Der Junge bewegte sich im Schlaf, und das Mädchen flüsterte noch etwas in dieser Sprache, die wie eine fremdartige Melodie klang, bevor es Piorello wieder zwischen die Blätter und Blüten setzte. Es war eine Art Nest, wenn auch sehr ungewöhnlich, so glatt und grau an den Seiten und mit Rüschen und Stoff ausgepolstert, doch bevor Piorello noch mehr erkennen konnte, wurde es wieder schwarz um ihn herum. Das Mädchen hatte das Nest zugedeckt und trug ihn hinaus ins Freie. Piorello hörte das Pfeifen des Windes und das Geräusch übereinander schlagender Wellen. Er fühlte, wie der Boden unter ihnen schwankte, so als hockten sie am Ende eines langen Astes.

Einen Augenblick lang öffnete sich der Deckel. Piorello sah den Himmel und flog sofort los, aus dem einzigen Wunsch heraus, frei zu sein. Wie ein Pfeil schoss er hinauf und sah, dass er sich über einem riesigen See befand. Nirgendwo war Land in Sicht, nur Wasser und Himmel ringsumher. Da packte ihn plötzlich eine

Windbö und warf ihn mit Macht auf einen Boden aus Holzplanken.

Im nächsten Augenblick war das Mädchen neben ihm. Sie hielt ihn dicht vor ihr Gesicht und schimpfte ihn aus, bevor sie mit ihm die weite Fläche wieder überquerte. Piorello konnte nicht sagen, wohin sie ging, so fest hielt sie ihn in der Hand. Er spürte nur, dass es auf einmal wieder völlig windstill war.

Nun durfte er sich umschauen. Wieder befanden sie sich in einem kleinen Raum, nur dass es hier keine anderen Menschen gab, nur glänzende Kisten und Bündel und Stapel von irgendwelchen Sachen.

Das Mädchen setzte ihn wieder zurück in sein glattes, graues Nest und redete von neuem unverständlich auf ihn ein. Piorello hatte keine Ahnung, was sie ihm sagen wollte. Sie nickte ihm noch einmal aufmunternd zu, legte den Deckel halb über die Schachtel und entfernte sich.

Nun war alles still. Piorello hörte das Pfeifen des Windes und das Klatschen der Wellen. Er spürte, wie der Raum um ihn herum schwankte, doch hier drin bei ihm war es still und ruhig. Wieder hüpfte er aus dem Nest heraus.

»Hallo!«, rief er. »Bette? ... Bette?«

Suchend sah er sich um, aber es kam keine Antwort. Nirgendwo bewegte sich etwas.

»Bette? ...«

Genauso plötzlich, wie es verschwunden war, kam das Mädchen zurück. Piorello hüpfte auf die höchste Stelle.

Er wollte nicht, dass sie noch einmal versuchte ihn festzuhalten. Doch dann sah er, dass sie eine kleine Schale mit Wasser geholt hatte. Sie setzte sie ab und hielt ihm auf ihrer Handfläche Krümel hin.

Piorello hatte Hunger, und durstig war er auch. Also hüpfte er vorsichtig wieder hinunter. Er sprang auf die Hand des Mädchens und begann zu picken, er konnte nicht anders. Bis auf den letzten Krümel aß er, was sie ihm hinhielt, und nahm dann einen Schluck Wasser. Als er fertig war, hielt das Mädchen ihn in Höhe ihres sommersprossigen Gesichts und sang wieder ihre verworrene Melodie. Dann setzte sie ihn zurück in das glatte, graue Nest und verließ ihn aufs Neue.

Zwei Tage vergingen. Piorello verbrachte die meiste Zeit in seinem kalten, grauen Nest und kauerte sich tief in die Rüschen und Stoffstücke, um sich zu wärmen. Immer wieder rief er nach Bette, in der Hoffnung, sie könnte in der Nähe sein, könnte in einer der anderen Schachteln aufgewacht sein. Doch die einzige Antwort, die er je erhielt – und auch das nur selten! –, kam von dem Mädchen, das riesig und grinsend zu ihm hineinspähte.

Ein schreckliches Wesen! Mit dem langen Haar, das ihr vor dem Gesicht herumbaumelte, und dieser Stimme, die so spöttisch und hübsch zugleich klang. Am liebsten hätte er mit dem Schnabel nach ihr gehackt, ihr das Haar in Büscheln ausgerupft – aber immerhin war sie es, die ihm zu essen gab, auch wenn die Mischung aus Brotkrumen, Beeren und zerstoßenen Nüssen nicht gerade sehr appetitlich war. Mehr bekam er nicht, und das Mädchen bestand darauf, ihm beim Essen zuzusehen. Sie sah zu, wie er aß, und sah zu, wie er badete, dann ging sie wieder fort. Jedes Mal war das so. Sie setzte ihn zurück in das kalte, graue Nest und ging, und Piorello konnte nichts weiter tun als dazusitzen und sich zu fragen, was eigentlich geschehen war.

Das war nämlich das Schlimmste an der ganzen Sache – nicht die Dunkelheit, nicht das Eingeschlossensein, auch nicht das Rauschen der Wellen oder der Schmerz in seinem Kopf. Das Schlimmste von allem war, dass er nicht wusste, wo er war oder wo Bette war. Am schlimmsten war das immer stärker werdende Gefühl, dass jeder Augenblick, der verging, ihn immer weiter von allem entfernte – von Bette, von ihrem Nest und von ihren frisch ausgeschlüpften Kindern Pavel und Rhone.

Nach zwei Tagen endlich kam das Mädchen und holte ihn aus diesem schrecklichen, einsamen Raum, aber draußen war es auch nicht besser: Der Wind pfiff laut, Stimmen brüllten durcheinander, es schien ein einziges Gedränge und Geschiebe. Schließlich bestiegen sie eine Pferdekutsche – Piorello hörte das Klappern von Pferdehufen, als sie sich in Bewegung setzten. Doch das Mädchen hatte ihn mit seiner Schachtel irgendwo ganz oben hingesetzt, und so wurde es eine furchtbare Fahrt, weil der Stoff, mit dem die Schachtel ausgepolstert war, ihm ständig über den Kopf rutschte.

Ein einziges Mal hielten sie unterwegs an. Piorello verstand erst nicht, wieso, doch dann hörte er aus der Ferne irgendein fauchendes Ungeheuer, das heranstampfte und unmittelbar in ihrer Nähe zur Ruhe kam. Dort blieb das Monster kurz stehen, vermutlich auf der Suche nach Beute – Piorello hielt die Luft an –, und entfernte sich dann wieder, so laut und wild, wie es gekommen war.

Erst danach, als alles sicher war, kam das Mädchen und holte Piorello zu sich in die Kutsche. Das Pferd setzte sich wieder in Bewegung, und den Rest der Reise verbrachten die beiden gemeinsam. Auf dem Rücksitz der Kutsche wurden sie durchgeschüttelt, bis sie endlich, als das Tageslicht langsam schwächer wurde, auf der Kuppe eines sanften grünen Hügels anhielten.

Wieder das Stimmengewirr, wieder das Gedränge und Geschubse. Dieses Mal wurde Piorellos Nest zwei Stockwerke hochgetragen, dann durch einen langen, ruhigen Gang und schließlich in ein kleineres Zimmer, wo er auf einem weichen Bett abgesetzt wurde. Wenigstens war es hier eben und er wurde nicht mehr hin- und hergeschaukelt.

Elsbeth erschien das Zimmer schrecklich klein. Auf der einen Seite hatte es eine Dachschräge, es gab nur ein einziges Fenster sowie einen kleinen Kamin, ein Bett, einen

Schreibtisch, einen Stuhl und einen Schrank. Und nachdem Mr Doogan das Gepäck auf dem Boden abgestellt hatte, schien ihr der Raum noch enger.

»Möchten Sie, dass ich Ihnen beim Auspacken helfe?«

»Nein, danke, Mr Doogan.«

Er stand schon an der Tür. »Kann ich sonst etwas für Sie tun, Miss Elsbeth?«

»Nein. Danke, Mr Doogan.«

»Dann sehen wir uns sicher erst an Weihnachten wieder, nicht wahr – vorher wohl kaum?«

»Nein, Mr Doogan, vorher nicht.«

Es klopfte an die Tür. »Ja?« Es war Elsbeths Kusine Abigail.

»Elsbeth! Da bist du ja endlich!« Abigail trat ein. Sie hatte rotblondes Haar, das Gesicht voller Sommersprossen und eine Brille auf der Nase.

»Hallo, Abigail. Mr Doogan, erinnern Sie sich noch an meine Kusine Abigail?«

»Selbstverständlich, Miss Elsbeth.«

»Mein Zimmer ist gleich am anderen Ende des Flurs. Kannst du das glauben? Wir sind alle im selben Stockwerk gelandet, Emily auch!«

»Schön.«

»Schön! Haben Sie das gehört, Mr Doogan? Ich glaube, Elsbeth hat keine Ahnung, wie ...« Sie brach ab und sah Mr Doogan aufmerksam an. »Sagen Sie mal, Mr Doogan, was verstecken Sie da eigentlich so geheimnisvoll hinter Ihrem Rücken?«

Er lächelte verlegen. »Nur eine Kleinigkeit für Miss Elsbeth von ihrem Herrn Vater.« Er zeigte den Mädchen eine flache, rechteckige Schachtel, die mit einem Seidenband verschlossen war. »Er lässt herzlich grüßen.«

Elsbeth nahm die Schachtel entgegen, öffnete sie aber nicht. Sie wollte es nicht.

Mr Doogan verstand. Er legte die Hand auf den Türgriff. »Na, dann will ich mal.«

»Gut, Mr Doogan. Vielen Dank für alles, auch für das hier.«

»Ich werde es Ihrem Herrn Vater ausrichten.« Er legte die Hand an die Mütze. »Miss Abigail.«

»Mr Doogan.«

Er schloss die Tür hinter sich und ließ die beiden Mädchen allein zurück.

Abigail schielte nach der Schachtel. »Na?«, sagte sie, »willst du sie nicht aufmachen?«

Sie setzten sich beide aufs Bett. Elsbeth wickelte das Seidenband ab, hob den Deckel und schlug das feine weiße Papier zurück.

Ein tiefrotes Tuch lag darin. »Oooh!«, stieß Abigail aus. »Es ist so weich wie Gänseflaum. Fühl doch mal! Und so eine herrliche Farbe. Leg es mal um.« Beide standen auf. »Es ist wunderschön.«

»Stimmt.«

»Na, du siehst ja nicht gerade begeistert aus.«

»Doch, doch.«

»Ich nehme es, wenn es dir nicht gefällt.«

»Nein, es ist hübsch.«

»Es ist mehr als hübsch.« Abigail ließ sich wieder aufs Bett fallen. Ihr Blick fiel auf die Hutschachtel. »Und was ist dadrin?«, fragte sie und schlug leicht mit den Fingern auf den Deckel. »Noch ein Geschenk?«

»Vorsicht!« Elsbeth stürzte auf sie zu, aber bevor sie sie noch daran hindern konnte, hatte Abigail den Deckel bereits gelüftet. Sie ließ den Blick über das Innere der Schachtel wandern, bis sie plötzlich einen Schrei ausstieß.

Der Vogel kam herausgeflogen, so erschrocken, dass er mit dem Kopf beinahe gegen die Decke stieß. Aufgeregt flatterte er im Zimmer herum, bis er sich schließlich auf dem Kaminsims niederließ.

Abigail stieß noch immer spitze Schreie aus und hielt beide Hände schützend über den Kopf.

»Pst!« Elsbeth ging rasch zum Fenster hinüber und schloss die inneren Läden.

»Aber wie ist er da reingekommen?«

»Ich hab ihn dort hineingetan«, zischte Elsbeth ärgerlich. »Er war bei meiner Großmutter.« Sie näherte sich langsam dem Kamin und sprach mit sanfterer Stimme. »Komm nur, mein Vögelchen. Du musst keine Angst haben.«

Im nächsten Moment wurde drei Mal kräftig an die Tür geklopft. »Meine Damen?« Es war die Stimme einer älteren Frau. »Gibt es ein Problem, meine Damen?«

Elsbeth warf ihrer Kusine einen vernichtenden Blick zu

und ging zur Tür, um zu öffnen. »Nein, Ma'am.« Sie öffnete die Tür nur einen Spaltbreit.

»Darf ich?«

Elsbeth trat zurück und machte einer stämmigen Frau mit schwarzem Gewand und einer weißen Haube Platz. »Ich bin Schwester Poole«, sagte die Frau. Sie hatte ein kräftiges Kinn und strichförmige Lippen. »Sie müssen Elsbeth Bonner sein.«

»Ja, Schwester.«

Die Frau blickte geradewegs auf den Vogel, der immer noch auf dem Kaminsims hockte. »War das der Grund für dieses Geschrei?«

»Wir waren bloß überrascht«, sagte Abigail und strich ihren Rock glatt.

»Er ist von draußen hereingekommen«, erklärte Elsbeth.

Schwester Poole warf einen zweifelnden Blick auf die geschlossenen Läden.

»Ich hab sie geschlossen«, versuchte Elsbeth zu erklären. »Ich wollte nicht, dass er gegen die Scheiben fliegt.«

Ungehalten schüttelte die Schwester den Kopf. »Und was haben Sie sich vorgestellt, wie er so wieder ins Freie gelangen sollte?« Mit wenigen Schritten war sie beim Fenster, öffnete die Läden und schob den unteren Teil des Fensters hoch. »Nun komm schon«, sagte sie und winkte dem Vogel. »Husch, husch!«

Als der Vogel verwirrt auf dem Kamin sitzen blieb, ging

die Schwester zu ihm hin und packte ihn, und bevor Elsbeth noch einfiel, was sie tun könnte, kehrte die Schwester bereits wieder zum Fenster zurück und stieß den Vogel hinaus.

»Na also«, sagte sie und wischte sich die Hände ab. »So schwierig war das doch wohl nicht, oder?«

»Nein, Schwester.« Die beiden Mädchen senkten die Köpfe.

Piorello war völlig durcheinander. Auf einmal befand er sich wieder hoch in der Luft, vor einem grauweißen Himmel, über einem rechteckigen Innenhof, der auf drei Seiten von roten Backsteingebäuden umschlossen war. Auf der vierten Seite stand eine kleine graue Kapelle. Piorello flog auf den oberen Sims des Turms zu, auf dem gurrend eine Schar fetter Tauben saß. Keine von ihnen schien seine Ankunft überhaupt zu bemerken, und so hüpfte Piorello auf die Kirchturmspitze hinauf, um besser sehen zu können.

Inmitten einer sanften grünen Hügelkette lag ein ganzer Trakt roter Backsteinhäuser. Eine einzige Straße führte dorthin, auf der sich noch immer ein kleiner Zug schwarzer Pferdekutschen näherte. Der Innenhof unten war voller Mädchen in Röcken und Kniestrümpfen und mit Hüten, die mit Seidenbändern geschmückt waren. Unter lautem Geschrei liefen sie von Tür zu Tür, wobei sie immer mit einer Hand ihre Hüte festhielten, während ältere Männer in schwarzen Anzügen sich mit schweren Gepäckstücken einen Weg zu bahnen suchten. Hier und da standen Mädchen im Kreis um Frauen herum, die geradeso gekleidet waren wie die, die ihn eben aus dem Zimmer hinausgeworfen hatte, nämlich in Gewändern und Hauben.

Ein seltsamer Ort. Auch der Geruch war seltsam. Piorello gefiel es hier nicht.

Mit einem Mal schienen alle Tauben auf dem Turmsims unten etwas zu bemerken. Sie watschelten zum Rand und blickten hinunter. Auf dem Weg näherte sich eine dieser Frauen mit den weißen Hauben. Erwartungsvoll beugten die Tauben sich vor, als die Frau auf einer Bank Platz nahm. Im selben Moment, als sie die Hand in eine der Taschen ihres Gewandes steckte, flog die ganze Schar hinunter, und noch bevor sie die erste Hand voller Samenkörner ausgestreut hatte, war sie bereits von Tauben umgeben.

Piorello spürte, dass er auch Hunger hatte. Er flog den Tauben hinterher und landete mitten unter ihnen.

Einen solchen Aufstand hätte er sich nicht träumen lassen. Graue Flügel schlugen heftig nach ihm, Schnäbel hackten auf ihn ein. Mit kalten schwarzen Augen starrten die Vögel ihn an. Wer bist du, schienen sie zu fragen, und wo kommst du her? Sie drängten ihn zur Seite, schubsten ihn mit ihren Schwänzen, und wenn er auch nur ein Krümelchen mit dem Schnabel erwischte, dann hackten sie nach ihm und nahmen es ihm gleich wieder weg. Es war hoffnungslos. Schon bald hatte die Frau mit der

Haube all ihr Futter ausgestreut. Die Tauben holten sich, was noch am Boden lag, und flogen zurück auf den Turm der Kapelle. Piorello hatte nicht ein einziges Körnchen abbekommen.

»Du musst viel schneller sein!«

Piorello wandte sich um und sah einen Bernhardiner, der gemütlich ausgestreckt neben der Bank lag, die dicke Schnauze auf beide Vorderpfoten gebettet.

»Aber sie sind so furchtbar groß, diese Tauben.«

Neugierig spitzte der Bernhardiner ein Ohr. »Du bist nicht von hier.«

»Nein«, antwortete Piorello. »Ich komme aus einem Birkenwald auf der anderen Seite des Wassers.«

Der Hund war beeindruckt. »Hat dich eins von den Mädchen mitgebracht?«

»Ja«, seufzte Piorello, »und ich möchte so schnell wie möglich zurück. Das Problem ist nur«, Piorello schaute zum Himmel hoch und auf die vielen Gebäude, »dass ich nicht die geringste Ahnung habe, wo wir hier sind.«

Der Hund ließ ebenfalls seine Blicke schweifen. »Da kann ich dir auch nicht helfen. Ich bin noch nie übers Tal hinausgekommen.« Er versuchte, Piorello ein Lächeln zu entlocken, doch ohne Erfolg.

»Ach, mach dir keine Sorgen. Es ist nicht so übel hier. Ein bisschen viel Regen, aber dadurch ist es wenigstens grün. Drüben gibt es einen schönen großen Wald für dich, und die Leute sind ganz nett. Die Schwestern haben immer irgendwas in ihren Taschen und die Mädchen sind gut zu uns.« Der Hund wies mit dem Kopf nach oben. »Kann es sein, dass das dein Mädchen ist, da oben?«

Piorello schaute zurück. Das Mädchen mit den Samenkörnern lehnte sich jetzt aus dem Fenster und suchte mit trauriger Miene den Boden ab.

»Nicht direkt meins, aber irgendwie schon.« Er hüpfte unter die Bank, damit sie ihn nicht sah.

»Sieht gar nicht so schrecklich aus.«

»Du kennst sie nicht, sonst würdest du das nicht sagen.«

Das Mädchen verschwand wieder im Zimmer und schloss das Fenster.

»Vielleicht hast du Recht.« Der Bernhardiner gähnte und warf einen prüfenden Blick zum Himmel. Es sah aus, als würde es jeden Moment zu regnen anfangen. »Ich wollte ja nur sagen, wenn ich so hungrig wäre, wie du aussiehst, und wenn das das Fenster wäre von dem Mädchen, das mich hergebracht hat, dann wüsste ich, wo ich hinginge.«

Er streckte sich, nickte zum Abschied und tapste davon, gerade als die ersten Tropfen fielen. Mit schrillen Schreien rannten die Mädchen ins Haus. Zwei dicke Tropfen landeten auf Piorellos Kopf und Schwanz. »Na, meinetwegen.« Wieder schaute er zum Fenster des Mädchens empor. »Aber nur so lange, bis der Regen vorbei ist.«

Im Flug sah er, dass das Mädchen nicht da war. Hinter

den Läden war alles dunkel. Doch als er auf dem Fenstersims landete, erwarteten ihn dort zwei Schälchen: Eins war voller Samenkörner, das andere wie ein flacher Wasserteich.

6

Piorello zu finden war für Bette das Allerdringendste, alles abzusuchen, um ihn irgendwo zu sehen, zu hören, etwas über ihren verlorenen Gefährten zu erfahren. Und zu diesem Zweck eignete sich das Geweih ihres Gastgebers vorzüglich. Während Cäsar seinen Schlitten immer weiter um den großen See herumzog, konnte Bette für Pavel und Rhone sorgen, konnte ihnen Samen und Würmer suchen, ohne Angst haben zu müssen, dass sie unbewacht zurückblieben. Ebenso konnte sie ihre Suche nach Piorello fortsetzen. Wo immer sie entlangkamen, rief sie nach ihm, und wann immer Cäsar eine Pause machte, um auf einem Stück Heide zu grasen oder die Flechtenbärte alter Kiefern abzureißen, flog sie durch die umliegenden Wälder. Dort fragte sie nach, ob irgendeines der Tiere dort in letzter Zeit vielleicht einen Spatz gesehen habe, der ganz allein war. Manchmal traf sie auf einen Otter, der an einem umgestürzten Baumstumpf nagte, und flog zu ihm hinunter, oder sie fragte ein Eichhörnchen, das gerade Nüsse sammelte. Jedes Tier, das sie traf, befragte sie, doch die Antwort war immer dieselbe. Nein, so einen Vogel hatten sie nicht gesehen. Also kehrte Bette zurück zu Cäsars Geweih, und Cäsar machte sich wieder auf den Weg.

Sie versuchte sich nicht entmutigen zu lassen oder Pavel und Rhone ihre Enttäuschung nicht spüren zu lassen. Von ihrer Suche brachte sie jedes Mal Samen mit, Würmer und Maden. Während sie ihre Jungen fütterte, hielt Cäsar seinen Kopf ganz still. Wenn sie dann satt und müde waren, ließ Bette sich neben ihnen am Rand des Nests nieder. Cäsars schaukelnder Gang wiegte sie sanft, und Bette sang ihnen ein Wiegenlied aus Piorellos Namen, den sie immer wieder rief, für den Fall, dass er in der Nähe war und sie vorbeiziehen hörte.

So wurden Pavel und Rhone, die Küken, langsam flügge. Auf Cäsars Geweih öffneten sie zum ersten Mal die Augen, aus dieser Höhe sahen sie zum ersten Mal den Wald, der im Rhythmus von Cäsars gleichmäßigem Gang an ihnen vorbeizog. Zu ihrer Linken war der Birkenwald hoch und dicht, während auf der rechten Seite der große See durch die Bäume hindurch zu sehen war.

Cäsar war unermüdlich. Manchmal verfing sich der Schlitten in einem abgebrochenen Ast oder sie kamen an einen Bach, doch Cäsar klagte nie und blieb nicht stehen. Er legte sich einfach ins Zeug und zog den Schlitten über das Hindernis oder er suchte sich die flachste und schmalste Stelle im Bach und setzte seinen Weg dort fort.

An ihrem vierten gemeinsamen Tag, als gerade die ersten Federn in den Daunen der jungen Vögel erkennbar wurden, hielt Cäsar an einem Flüsschen an, um in Ruhe wiederzukäuen. Wie sie es sich zur Gewohnheit gemacht hatte, nutzte Bette die Gelegenheit, um den nahen Wald abzusuchen. Sie flog zum Bach, um an den Ufern Ausschau zu halten, und traf hinter einer Biegung auf einen Biber, der mit seinem breiten, flachen Schwanz den Lehm in seinem neuen Damm festklopfte.

»Entschuldigung.« Bette landete neben ihm, ohne zu ahnen, dass ganz in der Nähe ein hungriges Geierfalkenweibchen auf einem Birkenast saß und lauschte.

»Tut mir Leid, dass ich dich von der Arbeit abhalte, aber ich wüsste gern, ob dir vielleicht in letzter Zeit ein Spatz namens Piorello begegnet ist.«

Der Biber schaute kurz auf und schüttelte den Kopf.

»Er ist etwa so braun wie ich«, fuhr Bette fort, »und im Nacken hat er einen dunklen Halbmond. Am besten erkennt man ihn daran, wie er fliegt. Er ist sehr wagemutig und kann die tollsten –«

Der Biber fiel ihr ins Wort. »Tut mir Leid, hab ich nicht gesehen.«

»Aber vielleicht hast du ihn gehört, wie er ›Bette‹ rief?«

Nein, der Biber schüttelte den Kopf.

»Er könnte auch ›Rhone‹ gerufen haben, oder ›Pavel‹. So heißen nämlich unsere Jungen.«

Oben auf dem Baum wandte der Falke den Kopf.

»Sie sind ganz in der Nähe, ein Stück weiter oben am Fluss.«

Im nächsten Augenblick hob der Falke die Flügel und hüpfte leise von seinem Ast.

Pfeilschnell flog er hinter die Birkenkette, die den Fluss säumte, nur ein Schatten zwischen den weißen Stämmen. Hinter der Biegung des Flusses sah er sie: zwei kleine Vögel in einem Nest, junge Spatzen auf einem niedrigen Ast nahe beim Wasser.

Er stieß hinunter, geradewegs auf die kleinen, zappelnden Köpfe zu. Er stellte die Flügel hoch, um die Luftströmung zu brechen, und öffnete die scharfen Klauen. Doch gerade, als er die hilflosen kleinen Vögel packen wollte, erhielt der Falke einen plötzlichen Schlag von rechts, der ihn zu Boden warf.

So rasch er konnte, rappelte er sich wieder auf. Überrascht blickte er hoch. Vor ihm stand ein Rentier, das Geweih drohend auf ihn gerichtet. Das hinabgefallene Nest lag nun sicher zwischen seinen Beinen.

»Was ist denn das?«, krächzte der Falke. »Sehe ich richtig? War dieses Nest da etwa in deinem Geweih?«

Cäsar antwortete nicht, sondern stand nur da und beugte sich über Pavel und Rhone, auch dann noch, als der Falke um ihn herum zum Schlitten von Ole und Gaino flog.

»Also wirklich, so ein braves Kerlchen!« Der Falke betrachtete interessiert sämtliche Päckchen auf dem Schlitten. »Spielt nicht nur den Papi für ein Spatzenpärchen, sondern bringt auch noch Sachen zu einem Menschenfreund! Was da nur drin sein mag?« Er hüpfte zum letzten Bündel, dem in der Bärenfellumhüllung, und pickte mit dem Schnabel daran.

»Schluss jetzt!«, brummte Cäsar, aber der Falke beachtete ihn nicht.

»Es liegt ganz an dir, ob ich aufhöre, Rentier«, sagte er und hackte wieder nach dem Bündel. »Du hast die Wahl: entweder deine jungen Spatzen da oder dieser Schlitten mit all den Köstlichkeiten.«

Cäsar schnaubte laut, aber der Falke schien sich an der Klemme, in der das Rentier steckte, regelrecht zu weiden. Er schnippte nach dem obersten Bündel. Die Verschnürung ging auf, und eben wollte der Falke die Hülle wegziehen, als aus dem Nichts heraus Bette hinunterschoss und nach dem Rücken des Falken hackte. »Weg mit dir! Weg!«

Der überraschte Falke kreischte auf und flog auf den nächsten Ast. »So, so!« Er starrte auf die beiden hinunter, und aus seinen Augen schaute ebenso viel Erstaunen wie Zorn. »Sieh mal einer an! Das ist also die Mutter? Dann ist der da wohl dein Mann?« Angewidert schüttelte der Falke den Kopf in Bettes Richtung. »Wie nennst du ihn denn? Sagst du *Herr Spatz* zu ihm oder einfach *Schatz*?« Er lachte meckernd über den eigenen Einfall, um dann wieder beide mit schwarzen Augen kalt zu mustern. »Das werdet ihr mir büßen, ihr zwei. Merkt euch das.« Das Falkenweibchen breitete die Flügel aus. »Ihr werdet schon sehen.« Mit diesen Worten schwang es sich von seinem Ast und segelte davon in den Wald – auf der Suche nach einer leichteren Beute.

Bette blieb auf Cäsars Geweih sitzen, bis der riesige Vogel außer Sichtweite war. Dann sprang sie hinunter zu ihrem Nest. Pavel und Rhone zitterten voller Angst, doch sonst ging es ihnen gut.

»Tut mir Leid«, sagte Cäsar. »Ich hab ihn erst im letzten Moment bemerkt.«

»Nicht doch«, sagte sie und sah zu ihm hoch. »Ich hätte nicht so weit wegfliegen dürfen.«

»Na ja, es soll nicht mehr vorkommen.« Cäsar senkte den Kopf tief und spießte das Nest wieder auf. Bette holte noch ein paar Zweige, um es neu zu befestigen, und Cäsar setzte sich in Bewegung.

Danach verloren sie kein Wort mehr über das, was geschehen war. Allmählich pochten ihre Herzen wieder langsamer, Cäsars Hufe schlugen in ihrem vertrauten Rhythmus, und schon bald nahm Bette ihren Ruf nach Piorello wieder auf. Doch nie mehr entfernte sie sich so weit von Cäsars Geweih und Cäsar selbst behielt von da ab die Bäume immer im Auge.

7

Ohne Zeit zu verlieren, machte Piorello sich gleich daran, den Weg nach Hause zu suchen. Die erste Nacht in der Schule verbrachte er in der Ecke des Fenstersimses vor dem Zimmer des Mädchens. Sie hatte ihm einen Schlafplatz bereitet, indem sie ein weiches rotes Tuch über ein verlassenes Rotkehlchennest gelegt hatte. Dort kuschelte er sich bis zum Morgengrauen hinein, doch sobald der Himmel aufklarte, machte er sich auf den Weg.

Allerdings war es ihm rätselhaft, wo er eigentlich suchen sollte. Normalerweise, in seinem Wald, wusste Piorello immer ganz genau, wo er sich befand, wo das weiße Haus stand, wo der See war und wo das Nest. Sein Zuhause – das war eine Richtung, die er einfach immer gekannt hatte und die er jederzeit einschlagen konnte. Doch hier, so weit weg von allem, versagte sein Orientierungsvermögen völlig. Das spürte er bei diesem allerersten Flug, und er war sich nicht sicher, ob es noch mit dem Aufprall zusammenhing oder damit, dass er von seiner Schar getrennt war. Wenn er jetzt von Baum zu Baum flog, war es ihm jedenfalls, als würden die Hügel um ihn herum wie die Wolken immer weiterziehen und mal hier, mal da stehen.

Piorello ließ sich aber nicht abschrecken und machte sich, so gut es eben ging, auf die Suche. An diesem ersten Tag versuchte er erst einmal, sich einen Überblick über die Gegend zu verschaffen. Das Fensterbrett des Mädchens benutzte er dabei als Ausgangspunkt, von dem aus er zu immer neuen Flügen aufbrach, anfangs noch vorsichtig, doch langsam immer größere Kreise ziehend. So hoffte er, nach und nach zumindest ein besseres Gefühl dafür zu bekommen, wo er eigentlich war, und im besten Fall irgendeinen Hinweis zu finden, irgendein Zeichen, das ihm vielleicht den Weg nach Hause weisen könnte.

Doch leider fand er keinen solchen Hinweis, wenigstens nicht in diesen ersten Tagen. Trotzdem hielt Piorello an seinem Plan fest. Jeden Morgen flog er als Erstes zu Bernard, dem Bernhardiner, der immer bei der Bank auf ihn wartete, und zusammen zogen sie los zu den weiten Wiesen. Meist ließ Bernard sich irgendwo am Ufer nieder, während Piorello durch die dahinter liegenden Wälder flog und in das Tal auf der gegenüberliegenden Seite. Jeden Tag flog er ein Stückchen weiter, doch je mehr er von der Landschaft sah, umso enttäuschter wurde er.

Es war nämlich so, dass die Gegend gar nicht so sehr verschieden war von seiner eigenen. Das Moos war vielleicht nicht ganz so üppig, aber dafür gab es saftige Wiesen, umstanden von Bäumen, die er wieder erkannte – die gleichen Nadeln und Blätter, der gleiche Wuchs. Auch hier gab es die unterschiedlichsten Gewässer – stehende, fließende, solche mit Ebbe und Flut. Auch viele der Tiere kannte er wieder – da waren Spatzen wie er, Eichelhäher, Amseln, Bergfinken, Sumpfmeisen, Maulwürfe, Wühlmäuse, Kaninchen und eine ganze Menge anderer, die eindeutig mit denen verwandt waren, die er bei sich zu Hause gesehen hatte. Die Enten waren die gleichen, auch die Schwäne, abgesehen von einer dünnen schwarzen Linie über dem Schnabel. Auf der anderen Seite des Waldes hatte er sogar ein paar Schafe entdeckt, und Kühe. Sie waren vielleicht etwas fetter als die, die er kannte, aber sonst verhielten sie sich ziemlich ähnlich – sie grasten, muhten und lagen träge im Schatten herum.

Der einzige Unterschied zwischen dieser Gegend und seinem Zuhause lag eigentlich nur darin, dass dort alles stärker ausgeprägt gewesen war. Zu Hause, wenigstens schien es ihm so in der Erinnerung, war alles irgendwie größer gewesen, gewaltiger. Die Berge zum Beispiel waren viel steiler gewesen, die Seen größer. In der Sonne war es wärmer gewesen, im Schatten kälter. Die Sträucher an den Hängen hatten viel mehr Beeren getragen, und die Beeren hatten herber geschmeckt, bitterer. Sogar die Glocken, die weit über das Land klangen, hatten zu

Hause irgendwie voller geklungen, so als sehnten sie sich nach den schneebedeckten Gipfeln der blauen Berge, die von überall her im Hintergrund zu sehen waren.

Hier war es nicht so majestätisch. Hier war alles so zahm und zurückhaltend, eher wie ein großer Garten. Piorello suchte weit und breit nach mehr – nach einem steileren Grat, nach einer Beere von stechender Süße. Wenn er nur eine einzige entdeckt hätte, dann hätte er gewusst: Hier geht es lang. Diesem Weg muss ich folgen. Aber da war nichts. Die Früchte waren mehlig und mild im Geschmack. Aus dem Kirchturm ertönte nur ein matter Klang, und die sanften Hügel erstreckten sich endlos weiter, immer etwas weniger grün als zu Hause. Piorello erkundigte sich bei den Tieren, aber sie waren nicht sehr hilfsbereit. Die Tauben gönnten ihm nicht einmal ein Gurren, die Eichhörnchen waren unendlich beschäftigt und die Hausspatzen, mit denen man Piorello leicht hätte verwechseln können, taten so, als wäre er gar nicht da. Sie waren auch nicht besser als die Schwäne im See, die, wie Piorello irgendwann einsehen musste, überhaupt nicht sprachen.

Nein, der Einzige, der mit ihm sprach, war Bernard, und der hatte sich noch nie über das Tal hinausgewagt. So blieb Piorello keine Wahl, als seine Suche fortzusetzen, jeden Tag ein kleines Stück weiter zu fliegen, um am Abend umso entmutigter, umso niedergeschlagener auf seine Fensterbank zurückzukehren.

Das einzige Wesen – außer Bernard natürlich –, das dazu beitrug, dass er sich nicht vollkommen mutlos und einsam fühlte, war das Mädchen, so seltsam das auch sein mochte. Es war ihm nicht leicht gefallen, sich das einzugestehen – noch immer warf er ihr vor, dass sie ihn hierher geschleppt hatte –, aber da sie nun einmal hier waren und anscheinend auch hier bleiben würden, wie konnte er da bestreiten, dass sie sehr lieb zu ihm war? Immer sorgte sie dafür, dass er zwei Schälchen vorfand – eins mit Körnern und eins mit Wasser. Sie kümmerte sich um sein Nest, und wenn es sehr kalt wurde, dann ließ sie ihn sogar ins Zimmer. Innen gab es eine steinerne Öffnung, in der sie abends Feuer machte, und Piorello durfte so lange davor sitzen, wie er mochte. Aber sie schloss ihn nie ein. Das Fenster ließ sie immer einen Spalt geöffnet, so dass er kommen und gehen konnte, wie es ihm gefiel.

Er sah sie ziemlich häufig in dieser Zeit, und so bemerkte er bald nicht nur, dass sie lieb war, sondern auch, dass sie selbst nicht besonders froh zu sein schien, dort zu sein. Morgens fiel es ihm auf, an der Art, wie sie beim Anziehen mit ihren Strümpfen schimpfte. Manchmal kam sie und setzte sich einen Moment lang zu ihm ans Fenster, um ihn zu streicheln, aber jedes Mal läutete gleich darauf die Schulglocke. Dann seufzte sie, küsste ihn zum Abschied, nahm ihren Stapel Bücher und ging. Wenn sie nach einer Weile unten aus der Tür trat und den Weg hinunterging, lag ein mürrischer Ausdruck auf ihrem Gesicht, geradeso, als wäre eine dunkle Wolke über sie hinweggezogen, und zwar nur über sie.

Anschließend flog Piorello meistens zu seinen Treffen mit Bernard und zu seinen Erkundigungen, doch oft traf er das Mädchen am Ende des Tages wieder, draußen auf den Wiesen. Die Mädchen kamen gern nachmittags heraus, um dann in Gruppen herumzulaufen und einen wohlgeformten kleinen Stein mit Stöcken hierhin und dorthin zu schlagen. Doch auch dabei schien das Körnermädchen nicht bei der Sache zu sein. Während die anderen einander fast über den Haufen rannten, schien sie immer irgendwie am Rand zu stehen, an den Haarspitzen zu kauen und nie richtig zu wissen, ob sie nun losrennen sollte oder nicht.

Zumindest so lange, bis sie Piorello entdeckte. Dann schien ihr Gesicht aufzuleuchten. Sie ließ ihren Schläger fallen und kam direkt auf ihn zu. Und Piorello musste es einfach zugeben, auch ihm wurde dann warm ums Herz, vor allem, wenn wieder ein Tag ohne Ergebnis vergangen war. Zusammen mit Bernard setzten sie sich ins Gras, bis die Glocke rief und sie sich gemeinsam auf den Weg zum Haus machten.

Dann trottete Bernard zu seiner niedrigen Schwingtür und Piorello flog hinauf auf sein Fensterbrett. Dort holte er sich sein Futter und badete, und es dauerte nicht lange, bis das Mädchen mit seinen Büchern und einem neuen Bündel Holzscheite das Zimmer betrat. Sie machte Feuer im Kamin, füllte seine Näpfe von neuem, und dann verbrachten sie den Rest des Tages zusammen – Piorello auf einem Bleistift, der im Spitzer steckte, und das Mädchen über die Bücher gebeugt, eine Seite nach der anderen voll kritzelnd.

Ein Tag endete im Großen und Ganzen wie der andere. Wenn das Feuer heruntergebrannt war und das Mädchen die Augen kaum noch aufhalten konnte, weil die Lider so schwer waren, dann gab es sich einen Ruck, stand auf und malte wieder ein kräftiges X auf einen großen Bogen Papier, den es an eine Wand geheftet hatte. Piorello hüpfte hinaus aufs Fensterbrett und das Mädchen kniete einen Augenblick still vor dem Bett. Dann nahm sie ein glänzendes Schmuckstück aus ihrer Nachttischschublade, flüsterte ganz leise ein paar Worte und beschloss jeden Tag auf dieselbe Weise: Mit den Fingerspitzen berührte sie Stirn, Brust und beide Schultern, erst die linke, dann die rechte.

Sie kroch in ihr Bett und es wurde dunkel im Zimmer. Piorello duckte sich tief in sein weiches rotes Nest und sah hoch zu den Sternen. Ob es ihn nun glücklicher oder trauriger machte, ihrer langsamen Wanderung über den Himmel zuzuschauen, vermochte er nicht zu sagen. Denn sosehr dieser Ort sich auch von seiner Heimat unterschied, der Nachthimmel war doch derselbe. Derselbe schwarze Hintergrund, dieselben Sterne, derselbe Mond. Der Mond könnte mir den Weg weisen, dachte Piorello, wenn er nur sprechen könnte. Der Mond würde den Weg wissen. Doch Nacht für Nacht schwieg der Mond, und so blieb Piorello nichts anderes übrig, als die Augen zu schließen und zu hoffen. Vielleicht würde er ja morgen etwas entdecken. Vielleicht konnte er sich morgen auf den Rückweg machen.

An dem Tag, als das Mädchen einen neuen Bogen Papier an die Wand neben ihrem Schreibtisch heftete, fand Piorello den ersten wirklichen Hinweis darauf, wo er eigentlich hingeraten war, und der war alles andere als ermutigend. An diesem Morgen war er dem kleinen Fluss gefolgt, der sich durch die Wiesen schlängelte. Immer weiter war er ihm nachgejagt, bis er an einen großen, offenen See kam, an dem es Ruderboote gab und Fischer und Segelboote. Es erinnerte ihn beinahe an zu Hause, so wie die Bäume das flache, runde Gewässer säumten. Doch dann war er auf die Spitze einer gewaltigen Kiefer geflogen, um besser sehen zu können, und dann hatte er es gesehen, weit entfernt, auf der anderen Seite der Brücke:

Da waren Himmel und Wasser, und dazwischen nichts. Da war er wieder, der endlose blaue See.

Eigentlich war er nicht überrascht; er hatte gewusst, dass er irgendwann darauf stoßen musste. Und doch – ihn auf einmal wieder vor sich zu sehen … Er erinnerte sich noch, wie er auf dem Weg hierher versucht hatte, dem Mädchen davonzufliegen, und wie schnell der Wind ihn zu Boden geschleudert hatte, und so kam es, dass ihm beim Anblick des weiten Himmels und des blauen Horizonts schon ein wenig mulmig wurde.

Er blieb nicht lange an diesem Tag. Schon bald kehrte er zur Schule zurück, unterbrach aber seinen Flug im Obstgarten, um seine Gedanken zu ordnen. Er war beim Vogelhäuschen im Apfelbaum gelandet, als sein Blick auf ein Rotkehlchen fiel, das ihm gegenübersaß. »Entschuldigung.«

»Was ist?« Mürrisch wandte der andere ihm den Kopf zu.

»Du weißt nicht zufällig, in welche Richtung ich fliegen muss, um Berge zu finden?«

»Berge?«

»Ja, du weißt doch – so etwas wie die Hügel, nur viel höher.«

Das Rotkehlchen schien keine Ahnung zu haben, wovon Piorello überhaupt sprach.

»Oben in den Wolken«, versuchte der Spatz es wieder, »mit Schnee auf der Spitze.«

»Du meinst im Winter?«

»Im Winter auch, ja, aber auch das Jahr über. Ganz hoch.«

Das Rotkehlchen schüttelte den Kopf. Unvorstellbar war das. »Keine Ahnung. Vielleicht drüben, auf der anderen Seite vom Meer.«

Vom Meer? »Du meinst den riesigen See dahinten, den mit den Segelbooten?«

»Ja«, kicherte das Rotkehlchen, »*den riesigen See*, wenn du es so nennen willst.«

»Hm, ich würde dieses Meer aber eigentlich lieber

meiden. Weißt du nicht vielleicht einen Weg außen herum?«

»Einen Weg drum herum?« Das Rotkehlchen sah Piorello an, als wäre er ein Wurm. »Es gibt keinen Weg drum herum, du Dummschnabel. Das hier ist eine Insel.« Verächtlich schüttelte das Rotkehlchen den Kopf und flog auf die Stange des Vogelhäuschens.

Eine Insel. Das Wort hätte Piorello ins Herz treffen können. Zu Hause gab es eine Insel, einen einsamen kleinen Hügel mitten im Wasser. Aber der war winzig, und hier war alles so groß. Was sollte er jetzt machen?

Er saß noch immer auf seinem Ast und versuchte die Neuigkeiten zu begreifen, als Bernard gemächlich unter dem Torbogen daherkam. »Da bist du ja, Piorello. Na, hast du heute was entdeckt?«

»Bernard, hast du gewusst, dass das hier eine Insel ist?«

»Nöö.« Der große Hund ließ sich unter dem Baum nieder. »Ich bin mir auch nicht so sicher, was das eigentlich sein soll – eine Insel.«

»Das bedeutet, das rings um uns herum Wasser ist.«

»Ach.« Der Hund bettete seine Schnauze auf die Pfoten. »Also, das ist doch schon mal was, würde ich sagen.«

Und ob, dachte Piorello. Allerdings nichts Erfreuliches. Vom Wasser umgeben und, wie es schien, wie ein Blatt im Wind hin und her getrieben.

In dieser Nacht fiel der erste heftige Herbstregen. Gleich nach dem Abendessen begann es zu schütten. Das Mädchen holte Piorellos Sachen ins Zimmer, bevor sie zu nass wurden. Sie stellte das Nest neben den Kamin, damit es trocknen konnte, und breitete das weiche rote Tuch aus.

Als Schlafenszeit war, goss es noch immer in Strömen, und so ließ sie das Nest, wo es war. Es war das erste Mal, dass Piorello eine Nacht im Zimmer verbrachte. Wie immer kniete das Mädchen kurz vor dem Bett nieder, aber als sie dann das Licht gelöscht hatte und unter die Decke gekrochen war, bemerkte Piorello etwas, was er sonst nicht mitbekommen hatte: Eigenartige Geräusche drangen zu ihm herüber von dem Mädchen, das da im Dunkeln lag und den Kopf ins Kissen presste. Kurze, schwache Atemzüge, und dazwischen ein Schniefen und Wimmern.

Es klang so traurig. Piorello hörte es, obwohl der Regen gegen die Scheiben prasselte und der Wind heulte. Das Mädchen hörte sich so an, wie er sich fühlte. Es stimmte also, was er immer vermutet hatte. Das Mädchen war nicht besser dran als er. Auch sie saß hier in der Falle.

8

Sobald Pavel und Rhone kräftig genug waren, machte Bette sich daran, ihnen das Fliegen beizubringen. Die Tage wurden schon kürzer. Die schlanken Stämme der Birken, die im Sommer so silbern schimmerten, glänzten jetzt golden in der tief stehenden Sonne. Das Wetter schlug um. Es wurde Zeit, dass ihre Jungen lernten, wo sie Körner und Wasser finden konnten und wie sie für sich selbst sorgen könnten.

Als Cäsar eines Morgens stehen blieb, um zu trinken, drängte Bette die beiden aus dem Nest. »Kommt nur, kommt. Stellt euch neben mich. Und dann hockt euch so hin.« Sie machte es ihnen vor.

Pavel war der Erste, der sich traute. Auf wackligen Beinchen verließ er das Nest und trippelte auf Cäsars Geweih.

»Und jetzt du, Rhone.«

Unbeholfen folgte Rhone ihrem Bruder, doch sobald sie bei ihm angelangt war und festen Halt gefunden hatte, flog Bette auf einen Ast über ihnen. »Und jetzt hierher.«

Zweifelnd sahen die beiden zu ihr auf, die Flügel ängstlich an den Körper gepresst.

»Hoch mit euch!«, sang Bette, aber noch immer rührten die beiden sich nicht. »Cäsar!«

Cäsar machte eine ruckartige Bewegung mit dem Kopf und Pavel und Rhone wurden plötzlich in die Luft geworfen. So erschrocken waren sie, dass sie es kaum schafften, ein bisschen mit den Flügeln zu wedeln, bevor sie wieder auf das Geweih zurückplumpsten.

»Das war gar nicht so schlecht«, sagte Bette. »Versucht es noch einmal, aber vergesst dieses Mal nicht, mit den Flügeln zu schlagen.«

Wieder warf Cäsar sie in die Luft. Die zwei jungen Vögel schlugen nach Kräften auf die Luft, und während Rhone wieder zurückfiel, schaffte es Pavel tatsächlich, aufzusteigen und bis zu dem Ast hochzufliegen, auf dem seine Mutter saß.

»Sehr gut«, sagte Bette.

Pavel war so beeindruckt von seinem Können, dass er sich aufplusterte und den Ruf seiner Mutter nachahmte: »Piorello!« Triumphierend rief er den Namen in den Wald hinein: »Piorello!« Dann schaute er auffordernd zu seiner Schwester hinunter. »Los, Rhone! Cäsar, wirf sie in die Luft!«

Wieder schwang Cäsar den Kopf hoch und Rhone flog hinauf. Verzweifelt schlug sie mit den Flügeln, und dieses Mal schaffte auch sie es, sich in der Luft zu halten, ja, sie schwebte sogar einen Moment lang still vor der Mutter und dem Bruder, bevor sie neben den beiden auf dem Ast landete.

»Und jetzt ruf: Piorello!«, sagte Pavel.

»Piorello!«, sang sie. »Piorello, Piorello!«, und ihre Stimme klang so schön, so jung und klar, dass es fast schien, als schwiege der ganze Wald auf einmal still, um ihr zu lauschen.

»Das habt ihr sehr gut gemacht«, lobte sie Bette, »alle beide. Seht ihr, jetzt könnt ihr fliegen. Jetzt könnt ihr hinfliegen, wo ihr wollt, um nach Futter und Wasser zu suchen.«

»Und um dir zu helfen, nach Vater zu suchen!«, fügte Rhone hinzu.

»Ja, das auch«, antwortete Bette. »Nach eurem Vater suchen könnt ihr jetzt auch.«

»Aber wie sieht er denn aus?«, fragte Pavel.

Bette dachte nach und dabei wurde ihr ganz warm ums Herz.

»Also eigentlich sieht er ganz ähnlich aus wie du, Pavel. Er hat die gleichen Farben wie du und einen dunkelbraunen Halbmond im Nacken. Am besten erkennt ihr ihn aber daran, wie er fliegt. Er ist sehr wagemutig. Er fliegt die schnellsten und anmutigsten Pirouetten, und doch landet er immer in perfekter Haltung.«

Das ließ sich Pavel nicht zweimal sagen. Er warf einen Blick auf einen niedrigeren Baum und hüpfte vom Ast. Zuerst fiel er, doch kurz bevor er auf die Erde aufprallte, fing er sich gerade noch, schwang sich wieder hoch und erreichte den untersten Ast. »Piorello!«, rief er.

»Pio – rello«, sang Rhone.

»Pio – rello«, schnaubte Cäsar, der gerade angetrottet kam. »Piorello.«

Die drei Vögel schauten einander an und mussten einfach kichern über diesen Versuch ihres Freundes, mit ihnen zu singen. Aber dann fielen sie gleich wieder ein und sangen aus ihrer luftigen Höhe mit.

Von nun an beteiligten sich Pavel und Rhone an der Suche. Den Rest des Tages verbrachten sie damit, zwischen den Bäumen und Cäsars Geweih hin- und herzufliegen und den Namen des Vaters zu rufen. Bette zeigte ihnen, wo es Samenkörner gab und wie sie in flachen Bächen baden konnten. In den nächsten Tagen blieben sie immer länger oben in den Bäumen, während Cäsar in seinem gleichmäßigen Trott immer weiter durch den Wald zog.

Am dritten Morgen, nachdem die beiden flügge geworden waren, flog Bette auf Cäsars Geweih, um einen Moment auszuruhen, während Pavel und Rhone einander zwischen den Bäumen hin- und herjagten.

»Die beiden scheinen sich zu amüsieren«, sagte er.

»Piorello«, hörten sie Rhones Stimme von oben. »Piorello?«

»Ich glaube auch«, sagte Bette. »Ich kann mich noch erinnern, wie es war, als meine Geschwister und ich fliegen lernten. Ich glaube fast, wir haben nie still auf einem Ast gesessen, außer wenn wir mal aus dem Gleichgewicht gekommen waren.«

»Piorello?«, rief Pavel.

Cäsar schwieg einen Moment, bevor er sprach, damit sie nicht etwa eine Antwort aus dem Wald überhörten. »Weißt du«, begann er, stockte dann aber.

»Was wolltest du sagen, Cäsar?«

»Ja, also ...« Cäsar schien ganz ungewöhnlich zögerlich zu sein. »Ich wollte nur sagen, dass jetzt, wo Pavel und Rhone fliegen können – also dass ihr euch nicht verpflichtet fühlen solltet, bei mir zu bleiben.«

»Cäsar!« Bette war überrascht. »Möchtest du nicht, dass wir bei dir bleiben?«

»Nein, das ist es nicht. Aber der See ist größer, als ich gedacht hatte. Ich bin nicht ganz sicher, wo meine Freunde sind, und das Wetter wird bald umschlagen. Ich dachte nur, dass ihr vielleicht einen wärmeren Platz brauchen werdet, als ich euch bieten kann.«

»Und du selbst – wirst du nicht vor der Kälte Schutz suchen?«

»Nein.« Cäsar lief weiter. »Zwischendurch mal, das kann schon sein. Aber ich würde gern so bald wie möglich bei meinen Freunden sein. Bevor der Schnee kommt.«

»Ach so.«

Ein Weilchen hörte man nichts als das knirschende

Geräusch der Hufe auf dem Waldboden. Schließlich fragte Bette: »Wer sind deine Freunde, Cäsar?«

Sie fühlte, wie der Nacken des Rentiers sich leicht spannte.

»Wenn du es lieber nicht sagen möchtest ...«

»Doch, doch. Sie heißen Ole und Gaino.«

»Wer?« Pavel landete neben seiner Mutter.

»Cäsars Freunde«, erklärte ihm Bette. »Die, denen er die Geschenke bringt.«

Rhone setzte sich neben ihren Bruder. »Wem bringt er die Geschenke?«

»Ole und Gaino«, antwortete Pavel ungeduldig. »Das sind Cäsars Freunde.«

»Auch Rentiere?«, fragte Rhone.

Das Geweih bewegte sich von einer Seite zur anderen. »Es sind Menschen, zwei Brüder aus einer Familie, die mit meiner Herde umherzieht.«

»Und wo ist deine Herde?«, wollte Rhone wissen.

»Weit weg von hier.«

»Aber warum bist du nicht bei ihr?«

»Weil er doch Ole und Gaino die Sachen bringen soll!«, blaffte Pavel seine Schwester an.

Doch Rhone schien noch immer verwirrt. »Und warum sind die beiden nicht bei ihrer Herde?«

Darauf wusste auch Pavel keine Antwort. Nicht einmal Cäsar schien sie zu kennen.

»Sind sie auch verloren gegangen?«, fragte Rhone weiter. »Wie Piorello?«

»Vielleicht«, sagte Cäsar leise.

Die Kleinen grübelten eine Weile. Pavel betrachtete den Schlitten. »Und was bringst du ihnen?«

Wieder schüttelte Cäsar den Kopf. »Ich weiß es nicht.«

Pavel hüpfte nach hinten, auf das größte der Bündel, das auf dem Rücksitz lag und in das dunkelste, dickste Fell eingewickelt war. »Nicht einmal was das hier ist, weißt du?«

»Nein.« Cäsar schaute starr geradeaus, und sein Schritt kam auch nicht aus dem Rhythmus, aber trotzdem spürte Bette, dass ihm das Thema nicht behagte.

»Es reicht jetzt, Pavel. Komm wieder her. Außerdem gibt es etwas, das wir besprechen müssen.«

Widerstrebend folgte Pavel und setzte sich neben seine Schwester.

»Ich vermute mal«, begann Bette, »ihr habt schon bemerkt, dass die Tage kürzer werden und dass manche Bäume eine andere Farbe bekommen.«

»Manche werfen sogar das Laub ab«, sagte Pavel. »Das haben wir gesehen.«

»Sind sie krank?«, wollte Rhone wissen.

»Nein, sie sind nicht krank«, antwortete Bette. »Sie bereiten sich auf den Winter vor, genauso wie wir das müssen. Ihr werdet es erleben. Unser Gefieder wird dichter, und auch Cäsar wächst ein wärmeres Fell. Der Winter ist nämlich sehr kalt und wir werden nicht viel zu essen finden. Die Kaninchen suchen ihre Bauten auf, die Eichhörnchen gehen in ihre Nester, wo sie Nüsse horten, und auch die meisten Vögel müssen sich ein Zuhause suchen für den Winter.«

Pavel und Rhone nickten beide, doch es sah nicht so aus, als würden sie begreifen, worauf die Mutter hinauswollte.

»Was ich damit sagen will, ist, dass wir vielleicht das Gleiche tun müssen, nämlich uns einen Platz für die kalte Zeit suchen.«

»Was für einen Platz?«, fragte Rhone.

»Einen Baum, denke ich mal.«

»Einen Baum?« Pavel schien die Idee fast zu kränken. »Aber was wird dann aus Cäsar?«

»Ja«, sagte Rhone, »wo geht Cäsar dann hin?«

»Nun, wie er uns gerade erzählt hat, muss Cäsar seinen Freunden diese Sachen bringen, also wird er vermutlich einfach weiterziehen.«

Es dauerte einen Moment, bis Pavel und Rhone diese Neuigkeit verdaut hatten. Beide sahen sie aus, als hätten sie in eine bittere Beere gebissen. Dann schaute Pavel auf. »Aber könnte Vater nicht irgendwo da vorn sein?«

»Genau«, meinte Rhone, »er könnte doch auch bei Ole und Gaino sein, nicht wahr?«

Bette dachte gründlich darüber nach. »Tja, möglich ist es.«

»Was meinst du, Cäsar?« Rhone schaute hinunter. »Könnte unser Vater nicht bei deinen Freunden sein?«

Klick-klack, klick-klack. Das Geweih bewegte sich kaum, während Cäsar immer weiterlief. »Das wäre sicher ein großes Glück für euren Vater.«

»Und wenn es so ist, Mutter?«

»Ja«, zwitscherte Pavel, »was, wenn es so ist? Ich finde, wir sollten uns nicht von Cäsar trennen.«

Rhone schüttelte den Kopf. Sie sah es genauso.

»Aber es wird bitterkalt werden«, sagte Bette. »Ist euch das klar?«

Pavel nickte. »Wenn Cäsar keinen warmen Ort aufsuchen muss, dann brauche ich es auch nicht.«

»Und ich auch nicht. Ich mag nicht von Cäsar weggehen.«

Bette betrachtete die beiden und fühlte sich ganz unerwartet erleichtert und stolz. »Cäsar?«, rief sie hinunter. »Hast du etwas dagegen, wenn wir bleiben?«

Nein, das Geweih bewegte sich langsam von rechts nach links.

Rhone beugte sich vor. »Wir können dir sogar helfen, nach deinen Freunden zu suchen. Was hältst du davon, Cäsar?«

Mit einem sanften Ausdruck in den Augen blickte Cäsar Rhone an. »Ich glaube, das wird noch nicht nötig sein, aber trotzdem schönen Dank.«

»Auf jeden Fall müssen wir das Nest für den Winter vorbereiten«, sagte Bette. »Es wird sehr kalt werden.«

»Ihr könnt euch etwas von meinem Samt nehmen«, bot Cäsar an.

Bette betrachtete die Geweihspitzen. Der weiche Samt löste sich. Sie hüpfte ein Stück vor und pickte daran.

»Tut das nicht weh?«, wollte Rhone wissen.

Cäsar schüttelte den Kopf. Bette zog noch einmal, und die dicke, samtene Schicht des Geweihs löste sich ab. Sie flog damit zum Nest zurück und stopfte es in das Gewirr von Zweigen und trockenen Gräsern. »Vielen Dank, Cäsar, das scheint sich sehr gut zu eignen. Pavel? Rhone?«

Die zwei flogen herbei und halfen ihr bei der Arbeit. Immer mehr schälten sie von dem Geweih ab und umwickelten ihr Nest damit, um es so gegen die kommende Kälte zu schützen.

TEIL IV

9

Das Mädchen richtete für Piorello einen Schlafplatz in ihrem Zimmer ein. Von einer jungen Pappel brach sie einen Hauptast ab und stellte ihn in eine Ecke unterhalb der schrägen Decke. Über den Ast breitete sie ein Tuch.

Hier verbrachte Piorello in seinem Nest nun die Nächte. Aber er schlief nicht mehr gut. Seit seinem Ausflug zu dem See mit den Booten träumte er immer wieder von diesem Meer, davon, dass er ganz allein hoch über diesem endlosen blauen Wasser schwebte. Nirgendwo war Land in Sicht und der Wind packte ihn und warf ihn hin und her. Er fühlte, wie seine Flügel immer schwächer wurden, und dann begann er zu stürzen, immer weiter den Wellen entgegen ...

Zwar erwachte er jedes Mal, bevor er aufschlug, aber trotzdem war das keine Art, den Tag zu beginnen, denn er wusste ja, dass dort draußen ein wirkliches Meer auf ihn wartete. Welche Richtung auch immer er einschlug, das Wasser und der Himmel lauerten auf ihn und forderten ihn heraus, ob er es wagen würde.

Doch dann eines Morgens flog er hinüber zum Obstgarten. Er naschte gerade von den Früchten eines kleinen Preiselbeerstrauchs, als er über sich einen vertrauten Ruf hörte – wie ein Tuten oder ein Bellen, und noch bevor ihm klar war, was es eigentlich war, schlug sein Herz höher.

Gerade noch rechtzeitig spähte er aus dem Busch heraus, um eine Schar von sechs Gänsen über die Kapelle gleiten zu sehen. Sie flogen in Formation, mit einem einzelnen Vogel an der Spitze, der seine langen Flügel gleichmäßig auf- und abbewegte und in regelmäßigen Abständen hinter sich rief: »Folgt mir nach, folgt mir nach!«

Gänse, dachte Piorello. Die Gänse mussten es wissen.

Durch den Bogengang hindurch sah er, wie Bernard durch seine Tür kam. »Bernard!« Er flog zu ihm hin. »Du hast mir nie gesagt, dass es hier Gänse gibt!«

»Na, die gibt es ja auch nur zu dieser Jahreszeit.« Der alte Hund schien überrascht zu sein, dass der Spatz sich so stark für die Gänse interessierte.

»Wo halten sie sich auf?«

»Ach, meist hinten bei der Brücke.«

Piorello war schon auf und davon. So schnell er konnte, flog er von den Büschen zur Buche und von der Buche bis weit hinaus aufs Feld, wo er von der Spitze des weißen

Pfahls, der dort stand, eine gute Sicht hatte. Dort unten am Strand, neben der Steinbrücke, lag eine einzelne Graugans und putzte sich genüsslich.

Piorello flog gleich zu ihr hinunter und landete dort, wo das Gras aufhörte und das feuchte Ufer begann.

Er hüpfte nah an die Gans heran, die aber viel zu beschäftigt war mit ihrem Gefieder, um ihn zu bemerken.

»Entschuldigung.«

Der Gänserich sah nur mit einem Auge zu ihm hinüber.

»Tut mir Leid, wenn ich störe, aber ich wollte fragen, ob du vielleicht einen Augenblick Zeit für mich hättest.«

Der Gänserich ließ sich auf seinem weichen Bauch nieder und schaute den Spatz leicht amüsiert an. »Ja, bitte?«

»Mein Name ist Piorello. Ich wohne drüben bei der Schule mit den vielen Mädchen, aber eigentlich komme ich aus einem Wald ganz weit weg. Es kam mir so vor, als hätte ich deine Schar wieder erkannt. Könnte das möglich sein?«

Stolz wandte der Gänserich den Kopf. »Das ist sicherlich möglich. Von wo kommst du denn?«

»Das ist es ja gerade. Das weiß ich eben selbst nicht genau. Aber es ist wunderschön dort, mit Schnee und Bergen.«

Der Gänserich unterbrach ihn: »Vielleicht weiß ich es, wenn du mich deinen Ruf hören lässt.«

»O ja, natürlich.« Piorello blies sich auf und sang.

Der Gänserich lauschte und nickte, sehr überzeugt schien er allerdings nicht. »Ich glaube schon, dass ich so etwas schon einmal gehört habe. Du kommst von der anderen Seite des Wassers.«

»Ja!« Piorello hüpfte auf. »Ja, das stimmt. Sag mir, fliegt ihr wieder einmal dahin?«

Der Gänserich schaute ihn an. Das war eine seltsame Frage. Er hob leicht die Flügel. »Kann schon sein, wenn es so weit ist. Warum?«

»Also, ich habe mir gedacht ...« Piorello versuchte, ganz ruhig zu bleiben. »... nur wenn es möglich ist, natürlich.« Wieder machte er eine Pause Erst jetzt fiel ihm auf, dass die Bitte, die er auf dem Herzen hatte, schon etwas peinlich war, genau genommen eine Zumutung.

»Nun?«, fragte der Gänserich.

»Also, ich dachte, vielleicht hättet ihr, du und deine Schar, nichts dagegen, wenn ich ... wenn ich mit euch käme?«

Der Gänserich reckte den Hals. Das hatte er nun nicht erwartet. »Mit unserer Schar?«

Piorello nickte.

Im selben Moment erschienen an der Biegung des Flusses vier Gänse, eine Mutter mit drei Jungen, die noch langsam und ziemlich flach über dem Boden flogen. Nacheinander spreizten sie ihre Beine für die Landung. Die Mutter und die beiden ersten landeten geschickt auf dem Wasser, doch das dritte, das etwas kleiner war, purzelte mit einem gewaltigen Platscher hinein.

»Gegen den Wind musst du landen, mein Liebes, sonst passiert dir das jedes Mal.« Die Mutter drehte sich um und sah, dass der Gänserich nicht allein war. »Oh, Entschuldigung.«

»Celeste«, begann der Gänserich und erhob sich. »Dies hier ist … Piorello?«

»Ja«, sagte Piorello. »Freut mich, euch kennen zu lernen.«

»Celeste ist meine Frau. Ich selbst heiße Saire, und das hier sind unsere Küken: Xander –« das älteste der drei, ein ausnehmend hübscher junger Gänserich, legte den Kopf zur Seite und glitt auf dem Wasser davon, »– Arvo –« das zweitälteste neigte den Kopf und folgte dem Bruder, »und Sula.« Das jüngste und dunkelste der Geschwister verneigte sich anmutig hinter dem Rücken der Mutter.

»Reizende Kinder«, sagte Piorello höflich zu Celeste. »Ich selbst habe auch einen Sohn und eine Tochter, aber leider habe ich sie nicht mehr gesehen, seit sie ausgeschlüpft sind.«

»Piorello ist nämlich weit weg von zu Hause«, erklärte Saire. »Und er möchte gern wissen, ob er vielleicht mit uns über den Kanal fliegen kann.«

Überrascht sah Celeste Piorello an. »Mit uns fliegen?«

Piorello nickte hoffnungsvoll.

»Tja«, meinte Celeste und sah ihren Mann an, »wir könnten Ado ja mal fragen.«

»Ado?« Piorello hüpfte ein Stückchen näher heran.

»Er ist der Anführer unserer Schar«, sagte Saire.

Das jüngste Gänschen, Sula, streckte den Hals hinter dem Rücken der Mutter hervor. »Ado ist schon Anführer gewesen, als Mutter und Vater noch Kinder waren.«

Saire wandte sich an Celeste. »Ist Ado noch immer unterwegs mit der Brut von Gurnemanz?«

»Er war es, aber ich glaube, er ist früher zurückgekommen.« Sie warf einen Blick zum anderen Flussufer hinüber, wo gerade noch das Hinterteil einer einzelnen Gans inmitten eines kleinen Halbkreises aus Schilf zu erkennen war.

»Ach ja, ich habe ihn gar nicht kommen sehen.«

»Nun, ich möchte ihn nicht stören«, sagte Piorello.

»Du störst ihn nicht«, antwortete Saire. Über den Fluss hinweg sah man, wie das Gefieder des Gänserichs sich leicht spreizte. »Siehst du, er ist noch wach. Komm nur!«

Saire allein begleitete Piorello. Er ließ sich übers Wasser treiben. Piorello wartete ab, bis Saire fast das andere Ufer erreicht hatte, dann flog er rasch hinüber und landete neben ihm am Ufer.

»Ado?« Beide spähten durchs Schilf hindurch.

Der große Gänserich hob den Kopf, den er zwischen die Flügel gesteckt hatte. Piorello war sprachlos angesichts des majestätischen Tieres, das jetzt langsam den Kopf wandte. »Ja?«

»Ado, das hier ist Piorello.«

Piorello machte einen Schritt nach vorn und neigte höflich den Kopf.

»Piorello wüsste gern, ob er dieses Jahr vielleicht mit uns nach Süden kommen kann. Wir dachten, dass er am besten mit Euch darüber sprechen sollte.«

Der große Vogel drehte sich um, damit er die beiden besser sehen konnte. Dann ließ er sich wieder nieder. Er sah auf Piorello hinunter mit einem Blick, der weder amüsiert noch überrascht wirkte. Er betrachtete ihn nur mit einer Mischung aus Sanftheit und Entschlossenheit. »Wo ist deine Schar?« Seine Stimme war volltönend, klang aber etwas müde.

»Dort, wo ich herkomme. Ich bin nicht von hier.«

Ado nickte leicht. »Aber du glaubst, wir könnten dich zu ihr zurückführen?«

»Ich hoffe es.«

»Bist du je bei einem Vogelzug dabei gewesen?«

»Nein.«

»Hm.« Der Gänserich dachte nach. Weder Zustimmung noch Ablehnung waren ihm anzusehen. »Und vermutlich bist du auch noch nie mit Gänsen geflogen.«

»Nein, aber ich dachte, ich könnte es lernen.«

Bei diesen Worten Piorellos schienen Ados Augen zu lächeln. »Du weißt sicher, dass wir sehr weite Strecken am Stück zurücklegen.«

»Ja, das weiß ich, aber ich kann sehr gut fliegen. Ihr könntet die anderen aus meiner Schar fragen, wenn sie hier wären. Ich bin sehr wendig und geschickt.«

»Daran habe ich keinen Zweifel«, unterbrach ihn der große Gänserich. »Aber bei uns geht es eigentlich nicht so sehr um Wendigkeit. Viel wichtiger sind Ausdauer und Geschwindigkeit.«

»Beim Überflug«, warf Saire ein.

»Stimmt.« Ado warf ihm einen raschen, strengen Blick zu. »Es ist dir doch klar, dass wir übers Wasser fliegen?«

»Ja, genau aus diesem Grund frage ich ja auch. Ich hatte gehofft, ihr könntet mir helfen, den Weg hinüber zu finden.«

»Aber du weißt auch, dass es unterwegs weder Ruhepausen gibt noch etwas zu essen?«

»Ja.«

Piorello spürte, dass Ado eher ablehnend war. Das war auch verständlich, und für einen kurzen Augenblick wurde ihm bewusst, wie absurd seine Bitte eigentlich war. Ein Spatz, der mit Wildgänsen fliegen wollte! Doch dann musste er wieder an Bette denken und an Pavel und Rhone, und schon war er fest entschlossen, sich nicht entmutigen zu lassen.

»Eure Majestät, es ist nicht meine Absicht, Euch zur Last zu fallen. Ich muss nur dringend wieder nach Hause, und wenn das nur geht, indem ich über das Meer fliege, dann werde ich es tun. Alles, worum ich bitte, ist, dass mir jemand den Weg zeigt. Bringt mich nur hinüber auf die andere Seite, den Rest schaffe ich dann alleine. Es ist nur so, dass ich einfach nicht länger hier bleiben kann.«

Der große Gänserich sah nun auf Piorello hinab, und jetzt sprach nicht mehr Besorgtheit aus seinem Gesicht, sondern nur noch Zuneigung und Bewunderung. »Darf ich dich fragen, wie es kam, dass du von deiner Schar getrennt wurdest?«

»Natürlich.« Piorello überraschte dieses Interesse. Bisher hatte noch niemand danach gefragt. »Es war am Tag, als unsere beiden Küken ausschlüpften«, antwortete er. »Ich war losgeflogen, um für Bette, meine Frau, etwas Hirse zu besorgen. Aber dann habe ich eine Blume gesehen und beschloss, ihr lieber die zu bringen. Eine weiße Blume war es, genauso wie die, die das Körnermädchen im Haar getragen hatte, am Tag, als wir uns kennen lernten. Ich wollte sie mitnehmen in unser Nest, aber als ich sie pflücken wollte ...« Piorello dachte nach, doch an diesem Punkt endete seine Erinnerung plötzlich. »Danach weiß ich nicht mehr, was geschah. Alles wurde schwarz um mich herum, und ich weiß nur noch, dass ich auf einmal in einer Falle saß und hierher gebracht wurde.« Er schüttelte den Kopf. »Tut mir Leid, auch für mich klingt das nicht sehr zusammenhängend.«

Mit einem Kopfnicken entschuldigte der Gänserich Piorellos etwas wirren Versuch einer Erklärung. »Saire?«

Saire, der die Unterhaltung nur mit einem Ohr mitverfolgt hatte, fuhr hoch. »Sir?«

»Sind eure Küken heute schon ausgeführt worden?«

»Ja, Celeste ist eben erst zurückgekehrt.«

»Hättest du etwas dagegen, unseren Freund Piorello beim nächsten Mal mitzunehmen?«

»Wie bitte?«

Ado drehte sich zu ihm um. »Wenn Piorello mit uns fliegen möchte, dann sollte er sehen, wie wir fliegen.«

Piorellos Herz klopfte schneller – der Anführer der Wildgänse war einverstanden!

Saire blickte Ado an, fast schien es, als wäre er entsetzt, dann sah er zu Piorello hinunter. »Selbstverständlich.«

»Oh, danke!« Piorello wandte sich wieder an Ado. »Ihr könnt nicht wissen, was das für mich bedeutet!«

»Nun, vielleicht solltest du dir noch keine allzu großen Hoffnungen machen. Ich bin mir nicht einmal sicher, ob wir tatsächlich dahin fliegen, wo du hinwillst. Aber auf jeden Fall wird es«, er warf einen prüfenden Blick zum Himmel, »noch etwa einen Mond dauern bis zu unserer Überquerung. So lange kannst du üben. Wenn es dann so weit ist und du immer noch entschlossen bist, mit uns zu kommen, dann bist du uns selbstverständlich herzlich willkommen.«

»Ich danke Euch, Majestät.«

»Hoheit«, verbesserte ihn der Gänserich mit einem schwachen Lächeln, bevor er die beiden mit einer müden Neigung des Kopfes entließ.

Wieder überquerten sie den Fluss. Am anderen Ufer watete Saires Familie noch immer durchs Wasser.

Piorello war außer sich vor Aufregung. »Morgen also?«

»Ja«, antwortete Saire, noch immer ein wenig verwirrt. »Morgen früh.«

»Gut, morgen früh.« Piorello nickte auch Celeste und den Küken zum Abschied zu, bevor er sich auf den Rückweg über die Wiese machte. Zum ersten Mal seit langem, länger als er sich erinnern konnte, fühlte er, wie ihm das Herz weit wurde vor Hoffnung.

Am nächsten Morgen warteten die Gänse bei der Brücke auf Piorello.

»Wir dachten schon, du kommst nicht mehr«, sagte Saire.

»Nicht doch, ich konnte kaum schlafen vor Aufregung.« Piorello warf einen Blick aufs andere Ufer. Ado lag noch immer im Schilf. »Wird Ado uns begleiten?«

»Heute nicht«, sagte Celeste. »Er fühlt sich noch nicht wieder ganz wohl.«

»Oh!«

Aber eigentlich war es ganz gut, dass Ado an diesem Tag nicht dabei war. Saire führte die Gänschen wie geplant zum See mit den vielen Booten, und solange die Gänse auf dem Fluss waren, kam Piorello auch gut mit. Da konnte er gut neben ihnen her von Baum zu Baum fliegen. Doch als sie schließlich an den großen See kamen, wurde es sehr viel schwieriger für Piorello.

Es war ein windiger Tag, und die Gänse verbrachten den größten Teil des Morgens damit, zwischen den Booten hin und her zu fliegen. Piorello war einfach überfordert. Nie zuvor hatte er so richtig begriffen, welche Meisterschaft die Gänse im Fliegen besaßen, wie lang und wie breit ihre Flügel waren, wie schnell und wie gerade sie fliegen konnten. Saire und Celeste flogen quer über den ganzen See, immer knapp über der Wasseroberfläche. Verglichen mit ihnen fühlte Piorello mit seinen kurzen Flügeln sich wie ein Blatt im Sturm, so wurde er hin und her gestoßen. Ohne Sula, die Jüngste, die sich zwar ziemlich mühelos in der Luft halten konnte, aber leicht von der Strecke abkam, ohne sie hätte Piorello die anderen ganz verloren. So verbrachte er den Vormittag damit, aufgeregt von Boot zu Boot zu jagen, um dann keuchend auf den Masten auszuruhen.

Saire und Celeste waren beide sehr rücksichtsvoll. Freundlich warteten sie, bis Piorello nachgekommen war, flogen im Bogen zu ihm zurück, um ihn wortlos zu ermutigen, und als die Gruppe schließlich gegen Mittag zur Brücke zurückkehrte, lud Saire Piorello nachdrücklich ein, am nächsten Tag wieder zu kommen.

Piorello war einfach viel zu müde, um zu antworten. Außerdem hatte er das Gefühl, sich sehr blamiert zu haben. Mit einem stummen Kopfnicken bedankte er sich bei allen, dann drehte er sich um. Den ganzen Weg zur Schule legte er hüpfend zurück, so erschöpft waren seine kleinen Flügel.

Statt zu essen hielt er erst einmal einen langen Mittagsschlaf. Doch bald nachdem er aufgewacht war, flog er zum Garten des Hausmeisters, um sich ein paar Grassamen aus der Erde zu picken. Er dachte gerade noch einmal darüber nach, was für eine Katastrophe dieser Vormittag gewesen war, und versuchte, sein Selbstvertrauen wieder etwas aufzurichten, als er auf einmal eine

Stimme hörte, mit der er überhaupt nicht gerechnet hatte.

Erst verstand er gar nicht, aber eine der Gänse rief seinen Namen. Piorello flog durch den Torweg und sah, dass es Sula war, das jüngste der Gänsekinder. Sie stand auf einem der Wege, die den Innenhof kreuzten. Eine der Schwestern saß neben ihr und versuchte, die Gans mit einem Brotkanten zu locken. Doch die kleine Gans schaute nur zu allen Fenstern hoch und schnatterte dabei die ganze Zeit: »Piorello?«

»Sula!« Piorello flog zu ihr hinüber. »Was machst du denn hier?«

»Xander und die anderen wollen Verstecken spielen. Magst du mitkommen?«

Piorello war so überrascht und so gerührt, dass er nicht nein sagen konnte. »Gern«, sagte er, »danke.«

Und so zogen sie zusammen los, das ungleiche Paar. Sula führte Piorello wieder über die Wiese zurück, aber dieses Mal ging es flussaufwärts bis zu einem kleinen Teich, an dem die Schwäne gern wateten.

Genau genommen war der Teich gar nicht so klein, er wirkte nur so, weil ringsumher Schilf wuchs. Fast die halbe Wasseroberfläche wurde vom Schilfgras eingenommen. Sula landete am Ufer und glitt aufs Wasser. Piorello hüpfte neben ihr von Halm zu Halm. Sie hörten Sulas Vettern und Kusinen tief im Schilf und folgten den Stimmen so lange, bis sie mitten im Teich zu einer kleinen freien Fläche gelangten.

Piorello erkannte Xander und Arvo, und Sula stellte die Übrigen vor – Gregory, Gerdes, Tim, Persimmon und Goliath.

»Piorello ist von der anderen Seite des Wassers«, verkündete Sula stolz.

»Wirklich?« Die jungen Gänse kamen gleich näher.

»Wie ist es da?«, wollte Gerdes wissen. »Ist es wirklich so schön, wie Mutter und Vater immer sagen?«

»Seid ihr noch nie dort gewesen?« Piorello schaute sie der Reihe nach an, aber alle schüttelten sie den Kopf – alle bis auf Xander, der ein bisschen ungeduldig wirkte. »Doch«, sagte Piorello, »es ist wirklich schön, eure Eltern haben Recht.«

»Vater sagt, dass es dort goldene Beeren gibt«, berichtete Persimmon.

»Ach, bei uns gibt es alle möglichen Beeren, auch goldene, ja.«

»Und was gibt es noch?«

»Ja, was gibt es noch?«

»Also, es gibt weiße Bäume.«

»Weiße Bäume!«, staunte Arvo. »Kannst du dir das vorstellen, Xander?«

»Weiße Bäume gibt es hier auch«, antwortete ihr Bruder etwas säuerlich. »Du hast sie schon gesehen, draußen bei den Segelbooten.«

»Stimmt«, sagte Piorello, »aber da, wo ich herkomme, da gibt es ganze Wälder mit weißen Bäumen, sie wachsen auf den Berghängen.«

»Auf Berghängen?«

»Ja. Die Erde erhebt sich dort höher, als Ado fliegen kann, und die Spitzen der Berge sind mit Schnee bedeckt.«

»Schnee«, seufzte Persimmon, »das hört sich schön an.«

»Ich kann es gar nicht erwarten«, sagte Arvo, und die Vettern und Kusinen schüttelten alle staunend den Kopf – alle bis auf Xander, auch jetzt wieder.

»Also, was wollt ihr jetzt – schwätzen oder spielen?«

»Spielen«, gab Tim ihm Recht. »Wer ist dran?«

»Xander. Xander hat beim letzten Mal gewonnen.«

»Also gut.« Xander sah zu Piorello hinüber. »Der, der dran ist, muss sich verstecken, also ich. Und ihr anderen müsst gucken, ob ihr mich finden könnt.«

»Wenn er will, kann er zwischendurch das Versteck wechseln«, sagte Goliath.

»Und keiner darf oben drüberfliegen, um zu gucken«, fügte Gerdes hinzu. »Das ist gemogelt.«

»Das ist gar nicht gemogelt«, widersprach Xander. »Ihr könnt machen, was ihr wollt, nur kriegen müsst ihr mich, und das schafft ihr nicht, solange ich es nicht will.« Mitleidig sah er sie an, bevor er im goldenen Labyrinth verschwand.

Sula glitt neben Piorello. »Pass auf!« Alle Gänse waren ganz still und lauschten, bis von weit hinten im Schilf Xanders Ruf ertönte: »Viel Glück, ihr lahmen Enten!«

Das war das Signal. Alle flogen davon, um Xander zu suchen, auch Piorello. Sie sausten durch die engen Wege im Schilf, teilten sich auf, riefen einander Neuigkeiten zu – aber Xander hatte Recht gehabt. Man erwischte ihn nicht, er lockte sie mal hierhin, mal dorthin, schnatterte hinter einem Gebüsch und verschwand gleich wieder, doch niemals verriet er sich.

Niemals, zumindest so lange nicht, bis Piorello irgendwann beschloss, die Verfolgung aufzunehmen. Das Spiel hatte lang genug gedauert, einige der Gänse fingen schon an, sich zu beschweren. Als Piorello also das nächste Mal Xander hörte, der gerade hinten beim Treffpunkt seine Schwester Sula foppte, da schoss Piorello durch die Luft direkt dorthin und erwischte ihn von hinten. Er selbst war ebenso überrascht wie die anderen.

Piorello erwies sich als ein ausgezeichneter Spieler. Für dieses Spiel waren seine Begabungen viel besser geeignet. Er war wendiger als die Gänse. Jeden Moment konnte er wie ein Pfeil daherfliegen und die anderen überraschen. Und wenn er selbst an der Reihe war, dann dauerte das Spiel viel länger als bei allen anderen, selbst länger als bei Xander. Aber das schien den Gänsen nichts auszumachen, da sie noch nie einen Erwachsenen gekannt hatten – nicht einmal einen so kleinen Erwachsenen –, der mit ihnen gespielt hätte.

Auch Piorello hatte sich vergnügt. Es war lustig gewesen, so durchs Schilf zu sausen und die jungen Gänse mal hierhin, mal dorthin zu locken. Aber am späten Nachmittag geschah dann etwas ganz Besonderes, das in wenigen Augenblicken Piorello wieder die Hoffnung zurückgab, die die Ereignisse des Vormittags beinahe zunichte gemacht hatten.

Sie waren bei der vorletzten Runde. Arvo war an der Reihe gewesen und die anderen Gänse suchten sie überall im Schilf. Piorello folgte Xander, der von allen der gewitzteste war. Irgendwann beschloss Xander, eine Runde über den Teich zu drehen, um zu sehen, ob er das Versteck seiner Schwester so ausfindig machen könnte. Nur wenige Male brauchte er mit seinen kräftigen Flügeln zu schlagen, und schon befand er sich hoch über dem goldenen Labyrinth. Das Überraschende, sozusagen das Erhebende daran war, dass Piorello von diesem Luftstrom mit hochgezogen wurde. Er war so dicht hinter Xander geflogen, dass er sich jetzt ebenfalls hoch über dem Schilf wiederfand.

Es war ein unbeschreibliches Gefühl! Piorello war schon vorher im Windschatten anderer Vögel geflogen. Bei sich zu Hause hatte er es immer wieder gemacht, aber das waren immer andere Spatzen gewesen, niemals so große Vögel. Nie hatte er etwas Ähnliches erlebt. Sie kreisten hoch über den anderen. Wie klein sahen die Bäume von hier oben aus, wie weich wirkte das Schilfgras! Was Piorello aber am aufregendsten fand, waren die Geschwindigkeit und die Windstille. Wenn ich so fliegen könnte, dachte er, wenn ich einfach immer im Windschatten der Gänse bleiben könnte, dann könnte ich überall hinfliegen, auch über so ein blödes Meer.

Aber wie konnte es anders sein – kaum hatte er das

gedacht, da hatte Xander seine Schwester erspäht. So schnell schoss er nach unten, dass Piorello es nicht mehr schaffte, sich an ihn zu hängen. Eine Windbö zog ihm eins über für seine Tollkühnheit, und so taumelte Piorello in einer langen Spirale hinunter ins Schilf, wie der Wind ihn gerade erwischte.

Aber so kurz sein Aufenthalt dort über dem Teich auch gewesen war, eins hatte er dabei begriffen: Es gab tatsächlich eine Chance für ihn. Es gab einen Weg.

Sie spielten die Runde zu Ende und dann noch eine letzte, bevor sie für diesen Tag Schluss machten. Piorello erzählte niemandem von seiner Entdeckung, doch er versprach, am nächsten Tag wieder zu kommen. Sula sagte, sie würde ihn abholen, und alle waren einverstanden, selbst Xander. Sie freuten sich, dass er mit ihnen spielen wollte.

Aber keiner von ihnen war auch nur annähernd so froh wie Piorello. Keiner hatte so viel zu gewinnen. Sollten die Eltern doch ihre Schwimmübungen draußen auf dem See abhalten – Piorello würde hier mit den Gänschen üben.

10

Ganz allmählich nur hatte sich die Landschaft verändert, doch jetzt war es dunkel um sie herum geworden. Cäsar hatte das gegenüberliegende Ufer des Sees erreicht. Dichter Wald umgab sie, doch weder von Piorello noch von Cäsars Freunden war etwas zu sehen. Bette spürte, wie Cäsar unruhig wurde. Er blieb jetzt öfter stehen, spähte zwischen den Bäumen hindurch und sah prüfend zum Himmel hinauf. Das Wetter war in letzter Zeit sehr viel launischer – mal war es mild, mal kalt, mal war der Himmel bedeckt, dann war er klar.

Aber es schien nie mehr richtig hell zu werden. Einmal, als sie einem Bachlauf folgten, rief Pavel von einem Baumwipfel herab: »Mutter, schau nur!«

»Was ist?« Ihr stockte der Atem.

»Sieh doch nur, der Himmel!«

Bette wandte den Kopf nach oben und sah es auch: Es war, als würden lauter weiße Federn vom Himmel schweben.

»Das ist schön«, sagte Rhone. »Was ist das?«

»Schnee«, antwortete Bette. Sie fühlte, wie Cäsar unter ihr leise den Kopf schüttelte, und sie wusste auch, warum: Sie hatten es nicht geschafft, den Winter zu schlagen. Cäsars Freunde waren noch tief im Innern des Waldes, und nun schneite es schon.

Bald begann ein Schneetreiben. Die Flocken wurden größer und fielen immer dichter, legten sich auf alle Blätter und Nadeln. »Kommt, kuschelt euch ins Nest.«

Alle drei duckten sich hinein, doch auch dann noch konnten sie hören, wie der Wind zu heulen begann. Ganz sanft landeten ringsumher die Flocken, hielten sich fest an dem samtenen Bezug des Nests, schlossen sie ein.

»Meinst du, Cäsar geht es gut?«, fragte Rhone.

»Natürlich«, antwortete Pavel.

Dann legte sich der Wind mit einem Mal. Sie waren stehen geblieben.

Bette schaute hinaus. »Cäsar?«

»Wir werden hier eine Weile abwarten.«

Sie standen vor der Öffnung einer kleinen Höhle. Bette konnte kaum erkennen, was hinter der Öffnung lag. Sie steckten mitten in einem ausgewachsenen Schneesturm.

Pavel streckte den Kopf heraus. »Wo sind wir, Mutter?«

»Vor einer Höhle.« Ein Echo warf ihre Stimmen leise zurück.

»Lang können wir allerdings nicht bleiben«, brummte Cäsar und zog den Schlitten unter das Dach. »Sonst werden wir vom Schnee eingeschlossen.«

Pavel und Rhone hüpften beide hinunter auf den Höhlenboden.

»Was ist das, eine Höhle?«, wollte Rhone wissen.

»Das Innere eines Berges«, antwortete Bette.

Pavel spähte nach hinten. »Und wie weit geht das?«

»Das kommt ganz darauf an«, sagte Bette. »Manche Höhlen sind tief, andere nicht.«

»Glaubst du, dass Vater hier sein könnte?« Rhone rief in die Dunkelheit hinein: »Piorello!«

Nichts bewegte sich im Schatten. Da war nichts als Rhones Stimme, die an den Felswänden abprallte.

»Das glaube ich nicht«, sagte Bette. »Aber mach dir keine Sorgen, wir bleiben nicht lang.« Sie sah wieder nach draußen. Ein glattes Holz steckte neben dem Eingang im Boden. »Wenn dieser Stab hier zur Hälfte im Schnee steckt, brechen wir wieder auf.«

»Stab?« Cäsar riss den Kopf hoch und stand dann stocksteif da.

»Cäsar, was ist los?«

»Schsch …« Wieder bewegte das Ren ruckartig den Kopf und Pavel und Rhone flogen schnell hinauf ins Geweih.

»Was ist?«, flüsterte Bette.

Cäsar wies mit dem Kopf auf den Stab und sagte ganz

leise: »Bär. Die Menschen stecken solche Stäbe vor den Bärenhöhlen in die Erde.«

Atemlos blickte Bette ins Innere der Höhle, und die Kleinen auf dem Geweih rückten immer näher an die Mutter heran.

»Glaubst du, dass er schläft?«, fragte Bette.

»Ich weiß nicht.«

»Mutter!« Pavel war jetzt neben ihr angelangt. »Was ist ein Bär?«

»Der König des Waldes«, flüsterte die Mutter.

Die Kinder spähten beide in die schwarze Höhle hinein, ob sie irgendeine Spur dieses Wesens sehen könnten, doch die Höhle war einfach zu tief und zu schwarz, als dass man irgendetwas hätte erkennen können.

»Wie sieht er aus?«, fragte Pavel.

»Er ist ganz groß.«

»Größer als Cäsar?«

»Ja, und er hat ein dunkles Fell, so eins wie das Geschenk ganz hinten auf dem Schlitten. Und er hat große Tatzen.«

»Hat er auch Zähne?«

»Ja.«

»Klingt ziemlich grässlich«, sagte Pavel.

Cäsar schüttelte den Kopf.

Alle drei Vögel spähten weiter in die Dunkelheit. »Warum ist er der König?«, begann Rhone wieder.

Bette dachte nach. Das war eine gute Frage. Was war es eigentlich, das den Bären zum König des Waldes gemacht hatte? Sie wusste es selbst nicht. Da hörten sie Cäsars

Stimme, sanft und leise: »Er hat keinen Feind außer dem Menschen.«

Die Kleinen nickten erst, doch dann fragte Rhone wieder: »Was heißt das denn?«

»Das heißt, dass er alles fressen kann, worauf er Lust hat«, antwortete Pavel. »Stimmt's, Mutter?«

Bette nickte. »Schschsch.«

Rhone riss die Augen auf. »Worauf hat er denn Lust?«

»Fisch.« Bette machte eine Pause, bevor sie weitersprach, damit der Wind ihre Stimme übertönen sollte. »Und Nüsse und Beeren.«

»Honig auch«, fügte Cäsar hinzu.

»Ja, auch Honig.«

Einen Augenblick war es still, dann fragte Rhone weiter. »Frisst er auch schon mal Vögel?«

Bette schwieg. Auch jetzt war sie sich nicht sicher.

»Vögel auch?«, wiederholte Rhone.

»Klar, Vögel auch«, kam die Antwort von Pavel. »Wenn er alles haben kann, was er will, dann kann er auch Vögel haben. Stimmt's, Cäsar?«

Cäsar nickte leicht. »Wenn er will.«

Wieder herrschte Schweigen, dieses Mal etwas länger, und wieder war Rhone die Einzige, die es zu brechen wagte. »Auch Rentiere?«

»Rhone, sei jetzt still«, sagte Cäsar. »Er frisst, was immer er mag, aber er und seine Familie ziehen es vor, den Winter über zu schlafen. Wenn wir ihn schlafen lassen, tut er keinem etwas.«

Nach diesen Worten drängte Bette Pavel und Rhone zurück zum Nest. »Kommt. Ins Nest mit euch.«

Pavel wollte nicht so recht. »Aber wirst du es uns sagen, wenn der Bär rauskommt?«

»Das verspreche ich, aber er wird nicht kommen. Und jetzt seid still.« Sie schubste beide über den Rand, bevor sie selbst hineinhüpfte.

In dieser Nacht dauerte es eine ganze Weile, bevor Pavel und Rhone einschliefen. Bette spürte, wie ihre Herzen im Dunkeln pochten, doch schließlich brachten die Wärme des Nests und das sanfte Auf und Ab von Cäsars Atem sie zur Ruhe. Bette deckte sie gut zu und verließ das Nest.

Cäsar schaute noch immer ins Schneetreiben hinaus, lauschte aber ins Innere der Höhle. »Schlafen sie?«

»Ja.«

Zusammen schauten sie hinaus. Noch immer fiel der Schnee in dicken Flocken. Er bedeckte den Erdboden. Die Kiefern waren weiß umhüllt. Es war, als habe es nie einen Herbst gegeben.

»Cäsar?«, flüsterte Bette. »Du hast doch gesagt, dass der Mensch der einzige Feind des Bären sei, oder?«

»Ja.«

»Heißt das, dass der Mensch auch Bären isst?«

»Ja, manchmal.«

»Auch deine Freunde?«

»Ja.«

Das hatte Bette nicht erwartet von Cäsars Freunden. »Essen sie alles, worauf sie Lust haben?«

Cäsar nickte leicht.

»Sie müssen sehr stark sein«, meinte Bette.

»Schlau sind sie.«

»Ah.«

Mehr sprachen sie nicht mehr, doch Bette verbrachte den Rest der Nacht mit Cäsar im Freien. Sie horchten, ob der Bär hinter ihnen sich rührte, und sahen zu, wie der Schnee sich wie eine weiße Decke über den Wald legte und langsam am Stab emporstieg.

Doch noch bevor der Bärenstab zur Hälfte im Schnee steckte, ließ das Schneetreiben im Morgengrauen nach, und Cäsar zog den Schlitten in die weiße Landschaft hinaus.

Bald darauf erwachten Pavel und Rhone, und als sie die Köpfe hoben und hinausschauten, rissen sie die Augen weit auf.

»Was ist passiert?«, fragte Pavel.

»Das ist nur Schnee«, antwortete Bette.

Rhone blickte auf zu einer Birke, an der sie gerade vorüberkamen. Nicht ein einziges Blatt hing noch an ihren Zweigen. »Und der Wind.«

Die beiden Spatzenjungen nickten brav, aber Bette sah es ihnen an, dass sie Angst hatten. Sie konnte es ihnen nicht übel nehmen. Erst gestern waren sie noch durch einen Herbstwald gezogen, der voller Leben war. Und nun waren sie aufgewacht und fanden sich in einer völlig neuen Welt wieder, die kahl war und weiß und ganz still. Das einzige Geräusch war das Knirschen von

Cäsars Hufen im Schnee und das Gleiten der Kufen hinter ihnen.

Cäsar bemühte sich, sie aufzuheitern. Sobald sie in flaches Gelände kamen, fiel er in einen festen Rhythmus und begann mit seiner schnaubenden Begleitmusik zu dem Lied der Spatzen – »Pio – rello, Pio – rello, Pio – rello«. Doch die Vögel fielen nicht mit ein. Es war schwer vorstellbar, dass Piorello an diesem fremden Ort sein sollte.

»Schon gut, Cäsar«, sagte Bette schließlich. »Das ist nicht nötig.«

»Wäre es dir lieber, wenn ich aufhöre?«

»Vielleicht.«

So zogen sie schweigend weiter. Pavel und Rhone blickten staunend den so veränderten Wald an, während Cäsar, dessen Beine halb eingesunken waren, sich durch die erste Schneedecke dieses Winters mühte.

11

Von nun an verliefen die Tage für Piorello ganz anders. Seine üblichen Runden machte er gar nicht mehr. Er wollte nur noch mit den Gänsen fliegen. Die Gänse würden ihn nach Hause bringen. So nutzte er den Morgen jetzt immer dafür, sich auszuruhen und auf den Nachmittag vorzubereiten, den er fast regelmäßig mit den jungen Gänsen unten am Schilf verbrachte.

Für die anderen war es natürlich nur Spiel und Spaß, wenn sie um die Wette flogen oder Fangen und Verstecken spielten. Für Piorello aber bedeuteten diese Nachmittage viel mehr. Er sah sie als Übungsstunden, als eine Gelegenheit, so viel dazuzulernen, wie er brauchen würde, um es übers Meer zu schaffen. Wann immer sich eine Gelegenheit bot, hängte er sich an die Gänse und übte in ihrem Windschatten zu fliegen. Wenn sie um die Wette flogen, bemühte er sich, solange es ging, hinter ihnen zu bleiben. Schon bald schaffte er es, den ganzen Teich zu überqueren, als wäre er eine Schleife an den Schwanzfedern der Gänse. Das fiel sogar den anderen Tieren am Teich schon auf. Die Eichhörnchen und die Enten sahen ihm zu, wie er vorbeisauste, und redeten untereinander darüber, dass sie noch nie einen Spatz gesehen hatten, der so fliegen konnte. »Sehr begabt, dieser Vogel!«, meinten sie übereinstimmend, »und so beharrlich!« Selbst die Schwäne nickten bewundernd. Piorello sah es, und so langsam schien ihm die Idee, mit Ados Schar zu fliegen, nicht mehr ganz so verrückt.

Jeden Abend kehrte er in sein Zimmer zurück, erschöpft, aber voller Hoffnung. Wenn das Mädchen über seine Bücher gebeugt am Tisch saß und schrieb, dann konnte er manchmal nicht anders: Er hüpfte zu ihr und zwitscherte ihr vor: »Ich gehe vielleicht bald weg. Bald fliege ich mit den Gänsen davon.«

Doch sie legte nur den Finger auf die Lippen.

»Du könntest auch mitkommen, wenn du bloß fliegen könntest. Wir würden dich mitnehmen.«

Aber das Einzige, was sie dazu zu sagen hatte, bevor sie wieder mit ihrem endlosen Gekritzel weitermachte, war »Schschsch!«.

Dann, an einem regnerischen Nachmittag, blieb Sulas Ruf aus. Piorello wartete wie immer auf seiner Fensterbank, doch als die Uhr drei schlug und er noch immer nichts gehört hatte, fragte er sich, ob vielleicht irgendetwas nicht stimmte.

Er machte sich auf zur Brücke. Von den weißen Pfosten aus konnte er sehen, dass die ganze Familie versammelt war – Saire, Celeste und ihre Jungen. Piorello näherte sich ihnen von so weit oben wie möglich, kreiste erst mehrere Male über dem Fluss, bevor er am Ufer landete.

»Ich bin beeindruckt«, sagte Saire.

»Ich habe auch geübt.«

»Die Kinder haben es uns schon erzählt.«

Piorello schaute zu Xander hinüber, der ungewöhnlich mürrisch wirkte. »Guten Tag, Xander!«

»Tag«, antwortete er muffig, bevor er übers Wasser davonglitt, den Blick fest auf sein Spiegelbild geheftet.

»Stimmt irgendetwas nicht?«, fragte Piorello Saire und Celeste. Er sah ihnen an, dass es so war. Beide wirkten mit einem Mal sehr verlegen.

»So könnte man sagen«, antwortete Saire.

Celeste unterbrach ihn. »Wir wissen, wie sehr du dich angestrengt hast, und vielleicht sollten wir dich auch nicht beunruhigen. Aber andererseits denke ich, du solltest Bescheid wissen. Saire und ich und einige der anderen Eltern haben miteinander geredet, und ... also, es besteht die Möglichkeit, nur die Möglichkeit, dass wir dieses Jahr nicht fliegen.«

»Nicht fliegen?« Piorello sah sie an. »Aber warum nicht?«

Celeste holte tief Luft, fast widerwillig, wie es schien.

»Also, es sieht so aus, als ob Ado sich zur Zeit nicht so gut fühlt.«

»Wir glauben, dass er vielleicht einen falschen Pilz gegessen hat«, fügte Saire hinzu. »Ich bin sicher, dass es ihm bald wieder gut geht, aber ein paar von uns sind der Meinung, dass wir, wenn er nicht rechtzeitig gesund wird, dieses Jahr den Winter hier verbringen sollten.«

Piorello war sprachlos. Er sah ans andere Ufer hinüber. Er sah, dass Ado sich noch tiefer in sein Versteck verzogen hatte. »Aber was macht ihr, wenn es kalt wird?«

Saire nickte. »Ado hat uns erzählt, dass die Schar seines Vaters mehrmals den Winter hier verbracht hat und dass es halb so schlimm war.« Diese Worte schienen an Sula und Arvo gerichtet, die die ganze Zeit neben ihnen auf dem Wasser trieben. »Es soll zwar sehr viel regnen und schneien, aber der Fluss friert nicht zu, und das ist das Wichtigste.«

Arvo tröstete das wenig. Sie senkte den Kopf und schwamm davon, dem Bruder nach.

»Es tut mir so Leid, Piorello.« Celeste sah ihn mitleidig an. »Wir dachten nur, du solltest dir vielleicht im Klaren darüber sein.«

»Schon gut, danke.« Piorello versuchte seine Enttäuschung nicht zu zeigen. »Natürlich könnt ihr nicht ohne Ado gehen.«

»Und es kann ja trotzdem noch alles gut werden«, sagte Saire. »Vielleicht ist er ja schon morgen wieder ganz gesund!«

»Ja«, erwiderte Piorello leise, »ja, natürlich.« Die zwei älteren Gänschen waren inzwischen drüben unter der Brücke angelangt. »Bis dahin kann ich wohl nichts anderes machen als weiter zu üben.«

Celeste nickte. »Ich bin sicher, die Kinder würden sich freuen. Sie haben dich so gern, Piorello.«

»Ich hab sie auch gern.« Er wandte sich an Sula. »Kommst du mich holen, falls ihr zum Schilf geht?«

»Ja.«

»Also dann ...« Piorello sah die Gänse an und für einen kurzen Moment herrschte ein etwas betretenes Schweigen zwischen ihnen. Er sagte nur noch rasch Auf Wiedersehen und flog davon.

An diesem Nachmittag spielten die Gänsekinder nicht mehr, aber selbst wenn – Piorello glaubte kaum, dass er mitgemacht hätte. Die Neuigkeit hatte ihn viel zu sehr durcheinander gebracht.

Am nächsten Tag flog er zwar mit, aber er hielt sich sehr zurück und blieb auch nicht so lang wie sonst. So schlaff wie Xanders Flügel hinunterhingen, war es Piorello gleich klar, dass es Ado nicht besser ging, und als er die jungen Gänse in der Dämmerung zur Brücke zurückbegleitete, sah er es selbst: Der alte Vogel saß noch immer an derselben Stelle in seinem Versteck.

Und dort blieb er auch. Ein Tag nach dem anderen verging. Andere Vögel brachen mit ihrer Schar auf. Bergfinken, Amseln, sogar ein paar Gänse. Aber Piorello wartete weiter auf Ado, übte nachmittags weiter mit den jungen Gänsen, kehrte abends mit ihnen zur Brücke zurück, nur um den Anführer der Schar noch immer in seinem Schlupfwinkel zu finden, an derselben Stelle wie schon am Vortag und wie am Tag davor.

Das Einzige, was ihn hoffen ließ, war die große Zahl von Graugänsen am gegenüberliegenden Ufer. Jeden Tag wurden es mehr. Alle Gänseeltern sammelten sich im langen, kalten Schatten der Brücke, um auf Ado zu warten. Solange sie da waren, musste Piorello glauben, dass es noch eine Chance gab. Seine große Angst war es, eines Abends dorthin zurückzukehren und sie nicht mehr anzutreffen, weil sie sich aufgemacht hatten, irgendwo nach Winternestern zu suchen.

12

Einen Schneesturm wie den ersten bekamen sie danach nicht mehr. Es schneite zwar noch etwas, aber nicht mehr so heftig, und auch der Wind wurde nie mehr ganz so schneidend. Während der wenigen Stunden, die es jetzt tagsüber noch hell war, kehrten Bette und die Kinder zwar wieder zurück auf Cäsars Geweih, aber sie sangen nicht mehr so anhaltend wie zuvor. Immer wieder mal begegnete ihnen ein Kaninchen, das durch den Schnee hoppelte, oder ein Eichhörnchen, das aus seinem Loch gekommen war, um etwas Luft zu schnappen, doch die meisten Tiere schienen sich für den Winter verkrochen zu haben. Mehr als je zuvor hatten sie den Eindruck, dass der Wald ihnen gehörte, ihnen allein.

An einem klaren Morgen verlangsamte Cäsar seinen

Schritt und blieb in einem Wäldchen aus hohen Birken stehen. Dort sah er sich um.

»Was ist, Cäsar?«

»Nichts.« Er drehte sich um. »Ich dachte nur, Ole und Gaino könnten vielleicht hier sein.«

»Piorello?«, rief Rhone gleich. »Piorello?«

Auch Bette schaute sich um. Als ihr Blick auf den Kamm des nächsten Hügels fiel, stockte ihr der Atem.

Gerade vor ihnen stand ein einsamer Wolf mit eisblauen Augen. Grinsend starrte er zu ihnen herüber.

»Cäsar«, flüsterte Bette, »geh weiter!«

Cäsar hatte ihn auch gesehen. Ruhig und im selben Tempo wie zuvor ging er wieder los.

»Pavel, Rhone, guckt stur geradeaus. Und seid ganz still!« Bette holte sie neben sich, aber sie konnte den Wolf schon hinter sich hören, wie er neugierig witterte.

»So, so«, begann er höhnisch, »ist das denn die Möglichkeit? Drei kleine Vögel, ein Rentier und ein Schlitten. Ich glaube, ich habe schon von euch gehört.« Er trabte näher heran. »Du musst Pavel sein, und du Rhone.«

Erschrocken sah Bette zu ihm hinunter. »Woher kennst du ihre Namen?«

»Oh, wir haben eine gemeinsame Bekannte.« Der Wolf lächelte. »Du erinnerst dich doch sicher noch an das Falkenweibchen. Sie hat uns erzählt, dass euer Freund hier einen kleinen Botengang macht.« Seine eisigen Augen richteten sich nun auf Cäsar. »Den Namen habe ich allerdings nicht ganz verstanden. Herr Spatz, war es nicht so?«

Cäsar antwortete nicht. Er ging immer weiter, als wäre der Wolf gar nicht da.

»Tz, tz, tz.« Der Wolf schüttelte den Kopf. »Die Menschen machen irgendeinen Zauber mit den Rentieren, stimmt's? Das stimmt einen doch nachdenklich. Was haben wir denn da Schönes auf dem Schlitten für diese Menschen?«

»Warum lässt du uns nicht in Ruhe?«, zwitscherte Pavel von oben herab.

»Ach, mein Kleiner, ich bin eben ein bisschen neugierig. Du nicht? Möchtest du nicht gern wissen, weswegen dein Freund so weit laufen muss?« Wieder witterte er. »Ich glaube, ich rieche sogar schon etwas.« Er ließ seinen Blick über den Schlitten streifen.

Cäsar beschleunigte nun sein Tempo, doch plötzlich kamen zwischen den Birken drei Wölfe wie aus dem Nichts hervor, näherten sich ihnen und betrachteten sie mit grinsenden, triefenden Mäulern.

»Mmmm, ja.« Der erste Wolf ließ sich nicht abhängen und schnüffelte an einem der Päckchen in der Mitte des Schlittens. »Dieses hier duftet sehr verlockend.« Als er sich mit der Pfote daran zu schaffen machte, fiel Cäsar in einen Galopp.

Die Spatzen wurden hoch in die Luft geschleudert, und die drei anderen Wölfe rannten voraus, um Cäsar den Weg abzuschneiden. Er senkte das Geweih zum Angriff, doch gerade, als er die Sperre durchbrechen wollte, sprang der erste Wolf von hinten auf den Schlitten. Die

Kufen sanken tief ein, die Zügel wurden plötzlich gestrafft und Cäsars Kopf nach hinten gerissen.

»Cäsar!«, schrie Bette, aber da waren die drei knurrenden Wölfe schon über ihm. Den ersten schleuderte er mit einem raschen Stoß seines Geweihs gegen einen Baum, doch der zweite griff ihn von hinten an. »Hinter dir!«, schrie Pavel noch, aber es war bereits zu spät, der Wolf hatte ihn schon am Genick gepackt. Cäsar bäumte sich hoch auf, um das Tier abzuschütteln, aber der Wolf ließ nicht los.

Plötzlich stieß Pavel hinunter und hieb dem Wolf den Schnabel ins Auge. Mit lautem Geheul fiel der Wolf zu Boden und Cäsar stürzte sich auf den dritten. Aber die Wölfe waren in der Überzahl. Im nächsten Augenblick schon umringten sie ihn. Noch standen sie still und warteten auf einen Befehl ihres Anführers, der jetzt neben dem Schlitten stand, das Bündel zwischen den Pfoten.

»Lass es los«, knurrte Cäsar leise.

»Wie bitte?«, kicherte der Wolf. »Ich hab dich nicht verstanden.«

»Das da ist nicht für euch bestimmt.«

»Nicht für uns? Aber sind wir nicht auch deine Freunde? Möchtest du etwa nicht, dass wir diesen Winter etwas zu fressen haben?«

Die drei anderen Wölfe kamen näher. Sie waren noch nicht zufrieden. Cäsar senkte das Geweih, um bereit zu sein. Einen Moment lang standen alle in Habachtposition, doch schließlich rief der erste Wolf sie zurück.

»Ach, gebt euch keine Mühe«, sagte er. »Lasst den Menschen ihre Leckereien.« Langsam zogen sich die Wölfe ein Stück zurück. »Und mach dir nicht allzu große Sorgen um deine Menschenfreunde, Cäsar – so war doch der Name, oder? Sie kommen schon durch.« Der Wolf lächelte. »Schließlich können sie ja immer noch dich essen.« Dann schnüffelte er wieder an dem Bündel, das er vom Schlitten geholt hatte. »So gut, wie das hier riecht, würde ich sagen, dass sie sich bestimmt sehr gefreut hätten.«

Die dunklen Wölfe kicherten höhnisch, während ihr helläugiger Anführer das Bündel mit den Zähnen packte und es durch den Schnee davonschleppte, ins Innere des Waldes, um dort ein Festmahl zu halten.

Cäsar sah den Wölfen nach, bis sie in sicherer Entfernung hinter dem Hügelkamm verschwunden waren. Bette flog zu ihm hinunter. »Es tut mir so Leid.«

Cäsar schwieg. Seine Augen blickten ernst, seine Brust hob und senkte sich noch immer rasch von den Anstrengungen des Kampfes.

»Wenigstens haben sie nicht alles genommen!« Rhone flog auf den Schlitten, zu dem großen Paket, das hinten lag. »Das hier ist noch da, das ist gut.«

Cäsar nickte. »Was ist mit eurem Nest?«

Bette sah nach. Auf einer Seite war es eingedrückt. Ein Teil des Samts, mit dem sie es umwickelt hatten, war abgegangen und baumelte hinunter. In diesem Moment fiel Bettes Blick auf die rechte Augsprosse von Cäsars

Geweih. Eine der Spitzen war abgebrochen. »Oh, Cäsar!«

»Können wir sie wieder dranmachen?« Pavel saß bereits unten im Schnee, gerade an der Stelle, wo die abgebrochene Spitze sich durch die weiße Schneedecke bohrte.

»Lass nur«, sagte Cäsar. »Was ist mit dem Nest?«

»Das ist schnell in Ordnung gebracht. Pavel, Rhone – kommt her und helft mir.«

Cäsar tat einen Schritt nach vorn, um weiterzugehen, doch der Schlitten schien an ihm zu zerren. Einer der Zügel war gerissen.

»Wirst du es so schaffen?«, fragte Bette.

»Es ist ja nur der eine«, sagte Cäsar und machte sich auf.

Wohin, das konnte Bette nicht sagen, sie war sich nicht einmal sicher, ob Cäsar es wusste und warum er eigentlich so freundlich war zu diesen Männern, Ole und Gaino. Sie hatte durchaus gehört, was der Wolf gesagt hatte. Doch Cäsar schien nicht einen Augenblick zu zögern. Los ging es, und das Schweigen des Waldes wurde unterbrochen vom Geräusch des Schlittens, der nun auf schief stehenden Kufen durch den Schnee gezogen wurde.

13

Es war ein milder Herbst gewesen, doch der Winter begann ganz pünktlich. Der zwölfte Dezember brachte den ersten richtigen Frost. Elsbeth erwachte davon, dass eines ihrer Bücher laut polternd vom Fensterbrett fiel. Sogar in ihrem Bett spürte sie noch, wie der Wind durch die Fensteröffnung pfiff.

Sie warf sich ihren Morgenmantel über, schlüpfte in die Pantoffeln und lief schnell zum Fenster. Auf dem Sims saß bereits der Vogel. Auch er war aufgewacht.

»Guten Morgen«, sagte sie bibbernd vor Kälte und umklammerte beide Oberarme mit den Händen. »Weißt du, was das bedeutet? Es bedeutet, dass wir bald nach London aufbrechen, zu Weihnachten.«

Der Vogel schien von dieser Mitteilung nicht sonderlich beeindruckt. Er saß weiter auf dem Fensterbrett und starrte hinaus. Elsbeth schob das Fenster hinunter. »Oder möchtest du lieber hinaus?«

Sie hob die untere Scheibe noch einmal ein wenig an, gerade so, dass er unten hindurchschlüpfen konnte.

»Na gut«, sagte sie durch den Spalt hindurch. »Ruf mich einfach, wenn du wieder hereinwillst. Ich muss das Fenster nämlich jetzt zumachen. In Ordnung?« Sie spähte hinaus, aber der Spatz war schon weg, hinübergeflogen zu den Feldern, wie er es immer tat.

Bevor sie das Fenster wieder schloss, holte sie noch die beiden Näpfe und stellte sie nach draußen auf den Sims, für den Fall, dass er vor ihr zurückkam.

Piorello beeilte sich, zu den Gänsen zu kommen. Es hatte gefroren. Heute. Sollten die Gänse aufbrechen, dann würden sie es heute tun. Entweder das, oder sich Winternester suchen.

Von der Fichte auf der Wiese aus sah er sie schon. Schlafend lagen sie am Ufer. Es war ein seltsamer Anblick. Inzwischen waren es bestimmt zwei Dutzend, alle wiesen in dieselbe Richtung und hatten sich genau in der Formation aufgereiht, in der sie am liebsten flogen.

Piorello stieß hinunter und landete mitten unter ihnen, doch keine rührte sich. Piorello war es nicht geheuer, wie fest sie schliefen. Er hüpfte von einer zur anderen und sah eine feine Schneeschicht auf ihren Rücken.

Saire und Celeste lagen ziemlich weit vorn. Piorello blieb bei ihnen stehen, doch sie rührten sich nicht.

Dann auf einmal hörte er hinter sich die schwache Stimme eines jungen Gänschens.

»Piorello.« Sula lächelte ihn an und hob mühsam den Kopf.

»Hallo, Sula.«

»Mutter, wach auf, Piorello ist hier!«

Celeste bewegte sich und hob verschlafen den Kopf. »Oh, guten Morgen, Piorello.«

»Morgen. Tut mir Leid, wenn ich störe, ich dachte nur, ihr solltet es wissen – es hat gefroren.«

»Tatsächlich?« Ein Zittern ging durch ihren ganzen Körper, als wollte sie den Schlaf abschütteln. Prüfend betrachtete Celeste den Himmel. »Ja, es sieht so aus.«

»Heißt das dann, dass ihr hier bleibt?«

Sie schaute ihn an und ihr Gesicht nahm einen anderen Ausdruck an. »Ach, Piorello, es tut mir so Leid für dich.«

»Nicht doch, ist schon gut.« Er wollte nicht, dass sie sich seinetwegen schlecht fühlte. Sein Blick streifte die leeren Plätze hinter Celeste. »Wo sind denn Xander und Arvo, weißt du das?«

Celeste schüttelte den Kopf. Seltsam, sie schien immer noch nicht richtig zu wissen, wo sie war. »Im Schilf, nehme ich an.«

»Fliegst du hin?«, fragte Sula.

»Das hatte ich vor. Mal sehen, was sie machen.«

»Darf ich mit, Mutter?«

»Natürlich. Bleib nur nicht so lange.« Sie steckte den Kopf wieder ins Gefieder. »Du wirst ja nicht zurückbleiben wollen.« Ihre Augen schlossen sich sanft und schon war sie wieder eingeschlafen.

Piorello verstand nicht recht, was sie damit wohl gemeint hatte, aber er machte sich leise mit Sula auf den Weg. Nebeneinander flogen sie am Fluss entlang zum Schilf und landeten an ihrem gewohnten Eingang.

Sie hörten die anderen schon, Xander, Arvo und ihre Vettern und Kusinen. Sie mussten etwa in der Mitte des Teichs sein. Als sie jedoch näher kamen, war es vor allem Xanders Stimme, die sie heraushörten. Er flüsterte zwar, doch er war so wütend, dass Sula und Piorello hinter der nächsten Schilfreihe anhielten und lauschten.

»Nein«, hörten sie ihn sagen, »das ist nicht fair. Mutter und Vater durften auch ziehen, als sie jung waren.«

»Genau, meine auch«, ließ sich einer der Vettern vernehmen. »Sie mussten nie hier bleiben.«

»Wenn sie Ado gefragt hätten, meint ihr, er hätte gewollt, dass wir bleiben?«

»Nein.«

»Nein, natürlich nicht.«

»Ado würden sagen: Fliegt!«

»Und ob er das würde.«

Piorello beobachtete Sula. Erst schien sie verwirrt von dem, was sie hörte, dann verstört. Einen Moment lang erwiderte sie seinen Blick, bevor sie ums Schilf herumschwamm.

»Sula!« Xander bemerkte sie als Erster. »Wo kommst du denn her?«

»Vom Fluss. Ihr denkt doch nicht etwa daran zu fliegen, oder?«

Zwischen den Halmen hindurch konnte Piorello sehen, wie alle Gänse den Blick senkten und starr aufs Wasser schauten. Nur Xander nicht. »Doch«, antwortete er.

»Aber wieso?«

»Weil – weil wir es leid sind hier, Sula. Du nicht auch? Willst du nicht auch endlich was zu sehen bekommen?«

»Das werden wir doch.«

»Nein, Sula, das werden wir eben nicht. Mutter hat gesagt, dass wir nicht fliegen.«

»Aber wir sind doch schon losgeflogen!«, beharrte Sula. »Gestern Abend sind wir aufgebrochen.«

Einen Moment lang waren die anderen stumm. Verwirrt sahen sie einander an, bis Xander schließlich fragte: »Sula, wovon redest du eigentlich?«

»Weißt du es nicht mehr?« Sie glitt in ihre Mitte. »Gestern Abend ging es los. Gerade eben. Ado flog voran und Mutter und Vater waren ganz in seiner Nähe. Wir sind schon unterwegs!«

Xander schüttelte den Kopf. »Das hast du geträumt.«

»Nein«, sagte Sula. »Das war kein Traum. Es war gerade eben. Der Himmel war weiß und wir haben gesungen. Eben sind wir am Meer angekommen und haben das Land hinter uns gelassen. Wir haben laut geschrien.« Sula sah ihre Schwester an. »Das musst du doch noch wissen, Arvo. Wir haben das Wasser vor uns gesehen und haben geschrien.«

Arvo sah Sula an. Zunächst hatte sie genauso überrascht gewirkt wie die anderen, doch jetzt schien ein Fünkchen Erinnerung in ihren Augen aufzublitzen. »Doch, irgendetwas war da.«

»Klar«, unterbrach sie Xander, »im Traum. Und das weißt du auch, Arvo. Ado fliegt nirgendwo mehr hin. Flieg doch zurück und sieh selbst nach!«

»Und ob er das tut!«, sagte Sula. »Und ich finde, du solltest nicht so reden.«

»Ich sage nichts, was ich nicht sagen dürfte. Ich sage bloß, dass Ado nirgendwo hinfliegt, und wenn du dir weiter vormachen willst, dass du ihm folgst, dann kommst du auch nirgendshin.«

Xander schwieg. Er schaute die Vettern und Kusinen an, die im Kreis um ihn herumstanden. Noch immer hielten sie die Köpfe gesenkt, bis auf Sula, die seinen Blick mit demselben Ausdruck von Entschlossenheit und Besorgnis erwiderte.

»Also«, sagte Xander kopfschüttelnd, »ich will niemanden von euch überreden mitzukommen. Bleibt ruhig, wenn ihr wollt. Aber sobald ich die nächsten Gänse hier sehe, bin ich weg. Wenn irgendwer von euch mitwill, gut. Wenn nicht, auch gut. Aber ich jedenfalls habe nicht vor, in dieser Kälte hier zu bleiben.« Dann sah er Sula direkt an. »Und eins will ich dir noch sagen« – und dabei beugte er sich mit beinahe drohender Miene vor – »du wirst Piorello nichts davon erzählen.«

»Warum nicht?«

»Darum nicht! Piorello würde es nur Mutter und Vater verraten.«

»Das würde er nicht.«

»Und ob er das würde, und wenn nicht, dann würde er vielleicht mitkommen wollen.«

»Na und?«

»Na und?! Sula, er ist ein Spatz. Du hast doch gehört, was Vater gesagt hat. Nur weil er über den Fluss fliegen kann, nur weil er gelernt hat, überm Schilf zu kreisen, heißt das doch noch lange nicht, dass er es übers Meer schafft. Davon abgesehen ist Vater nicht einmal sicher, dass wir überhaupt in die richtige Richtung fliegen. Er sagt, Piorello muss ganz weit nach Norden fliegen.«

Bei diesen Worten sah Sula ihren Bruder an, als ob er sie verletzt hätte.

»Hör zu«, fuhr er fort, und seine Stimme wurde weicher. »Ich mag Piorello, und ich wünschte, er könnte mitkommen. Aber keiner von uns ist je drüben gewesen, und ich habe keine Lust, die Verantwortung für Piorello zu übernehmen. Jedenfalls nicht allein. Verstehst du das?«

»Ja«, antwortete sie matt.

»Und du wirst ihm nichts sagen?«

»Nein.«

Piorello wollte nichts mehr hören. Leise verließ er seinen Platz hinter den Halmen. Er flog ganz niedrig von Schilfinsel zu Schilfinsel, um nicht gesehen zu werden.

Er kehrte nicht sofort zum Zimmer zurück. Er wollte das Mädchen nicht jetzt gleich sehen. Stattdessen flog er zum Garten, wo er einen Ast in einem Preiselbeerstrauch fand, auf dem er nachdenken konnte.

Vielleicht hatte Xander ja Recht. Vielleicht hatte er von Anfang an keine Chance gehabt. Er blickte hinaus in den Garten, und zum ersten Mal fragte er sich, ob dies wohl für alle Zeit sein Zuhause sein würde.

Der Hausmeister war bei der Arbeit. Er grub die Zwiebeln am Wegrand aus, streute Kiefernnadeln aufs Blumenbeet, deckte die Rosenbeete mit groben Säcken ab. Bald würde der Garten schlafen, so wie die Gänse, und Piorello wusste nicht, ob er den Gedanken ertragen könnte, noch eine Jahreszeit hier zu verbringen, einen ganzen Winter lang hier zu sein, ohne Bette.

Dann hörte er Sulas Stimme vom Torweg her, die seinen Namen rief.

Er flatterte hinüber und fand sie bei der Bank. »Sula, du hättest nicht zu kommen brauchen. Vielleicht war es sogar falsch von dir herzukommen.«

Sie zuckte mit den Flügeln. »Es ist mir doch egal, was Xander sagt.«

»Es sollte dir aber nicht egal sein. Dein Bruder hat Recht.«

»Das hat er nicht.« Sie sah ihn an, und ihr Blick war immer noch derselbe, ganz unschuldig und entschlossen. »Wir werden gehen und du könntest mitkommen. Deswegen bin ich auch hergekommen, um dir das zu sagen. Wenn du willst, lässt Ado dich bestimmt mitkommen.«

»Das ist ein Traum, Sula. Hör auf deinen Bruder.«

Sula schüttelte nur den Kopf.

In diesem Moment läuteten die Glocken. »Ich glaube, ich muss jetzt gehen«, sagte sie. »Du wirst Mutter und Vater nichts sagen, wegen Xander, meine ich?«

»Nein.«

»Danke.« Einen Moment lang war sie still. »Tut mir Leid, Piorello.«

»Schon gut. Bis bald, Sula.«

Sula breitete die Flügel aus und flog davon.

Das Körnermädchen kam aus dem Haus und rief nach ihm. Es streckte ihm die Hand hin, und ohne nachzudenken, flog Piorello darauf. Sie trug ihn ins Haus, die zwei Treppen hoch in ihr Zimmer. Sein Zimmer. Das Fenster war noch immer geschlossen.

Zwei Tage lang hämmerte der Wind gegen Elsbeths Fenster und zerrte an den Läden. Trotzdem gab sie ihrem Vogel jeden Morgen die Möglichkeit, hinauszugehen. Sie schob das Fenster ein Stückchen hoch für ihn und wartete, aber er schien nicht mehr hinauszuwollen. Er setzte sich nur auf den Ast der Pappel, plusterte sich auf und war still.

Sie spürte, dass er unglücklich war. Sie brachte ihm kleine Leckereien, doch er aß wenig und schlief viel. Immer wieder mal kam er von seinem Ast herunter, um ein bisschen Wasser zu trinken oder aus dem Fenster zu schauen, aber viel gab es zur Zeit ohnehin nicht zu sehen. Die Spatzen und die Eichhörnchen hatten sich alle in ihre Behausungen in den Bäumen zurückgezogen und der Himmel schien ausgestorben. Viele Vögel waren nach Süden gezogen, die übrigen schliefen irgendwo fest. So kehrte der Spatz bald auf seinen Ast zurück, still und verlassen.

Dann endlich war es so weit, die Ferien standen vor der Tür. Am Abend, bevor sie aufbrechen sollten, begann Elsbeth zu packen. Sie nahm ihre wärmsten Sachen, stapelte sie auf dem Bett und faltete sie. Dabei sprach sie mit dem Vogel.

»Keine Angst«, sagte sie, »jetzt ist es nur noch eine Nacht. Und London ist gar nicht so übel.« Bei jedem Pullover und jeder Bluse, die sie zusammenlegte, wiederholte sie diesen Satz. Sie nahm die Hutschachtel vom Schrank und setzte ihre Puppen hinein. Auch ihnen versprach sie, dass es gar nicht so schlimm werden würde. Aber die Puppen saßen bloß stumm im Kreis und warteten auf den nächsten Tag, an dem sie gemeinsam mit dem Spatz und dem Medaillon die Reise antreten würden.

Am Morgen des dritten Tages, den Piorello im Haus verbrachte, weckte ihn die Stimme des Mädchens. Es stand am Fenster, und Piorello hüpfte hinüber, um zu sehen, was es gab. Hell schien das Licht ins Zimmer und der Sims war voller Schnee.

Piorello hüpfte auf die Oberkante des Fensterrahmens. Der Innenhof unten war weiß. Eine feine Silberschicht lag über Dächern, Bäumen und Zaunpfosten. Der Hausmeister war dabei, den Weg freizuschaufeln, und überall lehnten Mädchen aus den Fenstern und unterhielten sich aufgeregt.

Was wohl jetzt mit den Gänsen ist?, dachte Piorello. Ob sie rechtzeitig Winternester gefunden hatten?

In diesem Moment schob das Mädchen das Fenster ganz hoch, um hinausschauen zu können, und Piorello flog hinaus in die Kälte.

Er hörte, wie sie ihm hinterherrief. Laut rief sie, er solle zurückkommen, aber er wandte sich nicht einmal um. So schnell er konnte, flog er zu den Wiesen hinüber. Beim Pfosten dort machte er eine Pause.

Dieses Weiß war überall, beide Wiesen waren damit zugedeckt, aber Piorello konnte doch noch den kleinen Fluss erkennen, der dazwischen verlief, und die Steinbrücke, die darüber führte. Und dort drüben, auf der Böschung, sah er etwas, das wie ein Steingarten aussah.

Er flog hinüber und landete mittendrin. Nur die Rücken der Gänse schauten aus dem Schnee heraus. Er hüpfte zu den beiden, die ganz vorn lagen. »Celeste? Saire?« Er pickte an ihrem Gefieder, doch es war steif gefroren. Alle sahen so aus, die ganze Schar.

Oder vielleicht doch nicht alle. Ganz hinten sah er ein paar schwache Spuren im Schnee, und für einen kurzen Augenblick fasste er wieder Mut – die jungen Gänse waren anscheinend davongekommen. Doch dann entdeckte er einen kleinen braunen Hügel mitten zwischen den anderen. Er war kaum zu sehen.

»Sula?«

Er hüpfte hinüber. »Sula? Bist du es?« Er schob den Schnee weg, der auf Kopf und Nacken angehäuft war. »Sula, wach auf!« Doch seine Freundin lag reglos da, die Augen zugefroren.

Nein, dachte Piorello, nein, das darf nicht sein. Er schaute hinüber ans andere Ufer des eisigen Flüsschens, in die kleine Bucht, in der Ado lag. Auch sein Rücken war weiß vom Schnee. Sieh nur, was du angerichtet hast! Schau doch nur, wo du sie hingeführt hast!

Der Wind pfiff eisig über die Ebene und vom Brückengeländer wehte Schnee hinunter in einer silbrigen Wolke. Auf einmal war alles zu viel für ihn. Piorello hüpfte von Sulas Rücken hinunter und presste seinen kleinen Körper gegen ihre kalten, starren Federn. Er wünschte, er wäre niemals aufgewacht in seinem Nest bei dem Mädchen. Er wünschte, er hätte diesen schrecklichen Ort niemals gesehen.

Er schloss die Augen und stellte sich die Gänse vor, so wie Sula es ihm beschrieben hatte – alle flogen in Formation, Ado voran, über ihnen die Sonne, unter ihnen das blaue Meer. Er stellte sich ihre Schreie vor, während sie immer weiter davonflogen, und er wünschte, der Schnee würde kommen und auch ihn unter sich begraben.

TEIL V

14

Pavel war der Erste, der das Lager von Cäsars Freunden entdeckte. Es war ein klarer Tag und Cäsar hatte den Spatzen gesagt, dass die beiden irgendwo in der Nähe sein mussten. Er hatte etwas entdeckt, was eindeutig die Spuren seiner Freunde waren – keine Fußspuren, sondern zwei schmale Furchen, die nebeneinander durch den Schnee liefen.

Cäsar war dieser Spur gefolgt bis zu einer hohen Fichte am Rande eines zugefrorenen Flüsschens, als Pavel plötzlich von oben herunterrief: »Da! Ich glaube, ich sehe was!«

Cäsar zog den Schlitten die Uferböschung hinauf, und als Bette sich oben aufs Geweih setzte, konnte auch sie es sehen: Drüben auf einer Lichtung, nicht weit vom Fluss, hatte jemand aus Ästen und Felldecken einen Unterschlupf gebaut. Von der Spitze des schon halb eingeschneiten Zelts stieg feiner Rauch empor.

»Sind sie das?«, fragte Rhone.

»Ich glaube schon.« Cäsar näherte sich langsam, aber die Kleinen konnten es nicht mehr abwarten und flogen voraus. »Piorello!«, zwitscherte Rhone, und Pavel flog zweimal um das Zelt herum. »Piorello! Piorello!«

Einen Moment lang rührte sich nichts, doch mit einem Mal wurde eine der Decken zur Seite geschlagen und das Gesicht eines Mannes wurde sichtbar.

Es war ein ganz ungewöhnliches Gesicht, rauer und kantiger, als Bette je eines gesehen hatte, aber freundlich.

»Cäsar!« Der Mann lächelte und kam ganz aus dem Zelt heraus. Auch die farbenfrohe Kleidung, die er trug, schien Bette ungewöhnlich: Er trug eine leuchtend rote Mütze mit Ohrenklappen und einen blauen Mantel, der mit roten und gelben Streifen besetzt war und mit einem Gürtel zusammengehalten wurde, an dem Troddeln hingen. Die Spitzen seiner Stiefel zeigten nach oben, und Büschel von getrocknetem Gras schauten aus den Schäften hervor.

Der Mann war glücklich, seinen Freund wieder zu sehen, das merkte Bette, aber als er auf Cäsar zuging, um ihn zu begrüßen, sah sie auch an seinen eingefallenen Wangen und dem schleppenden Gang, wie schwer dieser Winter bereits für ihn gewesen war.

»Cäsar!« Der Mann zog etwas aus seiner Manteltasche

und hielt es dem Rentier hin. Es war ein Pilz. Während Cäsar ihm aus der Hand fraß, schaute der Mann aus zusammengekniffenen Augen die beiden jungen Spatzen an, die wieder oben auf dem Geweih Platz genommen hatten.

»Piorello?«, fragte Rhone.

»Pi – o – rel – lo«, wiederholte der Mann langsam. Einen Moment lang betrachtete er bewundernd das Nest, dann fiel sein Blick auf die abgebrochene Geweihspitze. »Tz, tz«, machte er, und sein Gesicht nahm einen besorgten Ausdruck an. Er untersuchte Cäsars Fell und Beine, schaute die Hufe an. Ruhig und freundlich sprach er mit dem Ren, während er den Schlitten untersuchte und schließlich das Band löste, mit dem das Gepäck gesichert war. Dann fasste er Cäsar am Zügel und führte ihn zum Zelt hinüber. »Ole, Ole«, rief er und hob die Decke ein Stück hoch. Cäsar streckte das Geweih mit den drei Vögeln darauf und seinen ganzen Kopf durch die Öffnung.

Die Luft im Zelt war voller Rauch, doch in der Mitte konnte Bette ein kleines Birkenholzfeuer erkennen, neben dem ein zweiter Mann lag, unter einer Decke, die genauso aussah wie Cäsars Fell. Das also war Ole.

Seine Augen waren matt und seine Haut hatte die Farbe von Birkenrinde, aber er lächelte ähnlich freundlich wie sein Bruder, als er das Ren sah.

»Cäsar!« Seine Beine unter der Decke bewegten sich leicht. »Cäsar.« Dann sank sein Kopf wieder zurück.

Gaino streute seinem Bruder eine Hand voll Samenkörner auf die Brust und klopfte dann ein paar Mal mit der flachen Hand daneben, um den Vögeln zu zeigen, dass sie kommen sollten, doch weder Pavel noch Rhone bemerkten es. Sie waren dabei, sich in dem kleinen Raum umzusehen, durch den Rauch hindurchzuspähen nach irgendeinem Hinweis darauf, dass ihr Vater auch hier war.

»Piorello?«, rief Pavel. »Piorello?«

Keine Antwort. Der kranke Mann, Ole, sagte etwas zu seinem Bruder. Beide nickten und Gaino ging wieder zur Zeltöffnung hinüber und klopfte Cäsar im Hinausgehen liebevoll auf den Nacken.

Pavel sah Bette an. »Ich glaube nicht, dass er hier ist, Mutter.«

Nein, Bette schüttelte den Kopf. Sie wusste nicht, was sie sagen sollte.

Noch einmal rief Ole die Vögel zu sich, machte schwache Zeichen mit der Hand.

»Ihr solltet etwas essen«, sagte Bette.

Beide flatterten hinunter auf Oles Decke, doch Bette merkte gleich, dass sie nicht hungrig waren. Rhone sah sich um. »Piorello«, zwitscherte sie. »Piorello.«

»Piorello«, antwortete Ole.

»Piorello.« Gaino stolperte ins Zelt, die Arme beladen mit Bündeln, die er vom Schlitten genommen hatte. Er trug sie hinüber ans Lager seines Bruders und setzte sich mit gekreuzten Beinen neben ihn. Er baute die Geschenke um sie herum auf und klatschte in die Hände. Eine Weile betrachteten die Brüder nur alles, was ihnen gebracht worden war, dann fing Gaino an auszupacken.

Zuerst wählte er eines der kleineren Päckchen. Er schnüffelte daran und sah zu Cäsar auf. »Oh, das ist gut, Cäsar.«

Aus einem seiner Stiefel zog er einen schmalen weißen Knochen und trennte damit die Sehnen durch, mit denen das Bündel verschnürt war. Die Umhüllung öffnete sich. Darin war etwas, das aussah wie ein Häufchen klein gehackter brauner Blätter. Gaino zog einen glatten, ausgehöhlten Holzstab aus seiner Manteltasche und stopfte nur eine Prise dieser Blätter an einem Ende hinein. »Gut, Cäsar!« Mit einem brennenden Holzspan aus dem Feuer zündete er das eine Ende an. »Gut.« Rauch quoll ihm aus dem Mund.

Er bot seinem Bruder den ausgehöhlten Stab an, doch Ole wollte nicht. So wandte sich Gaino dem nächsten Päckchen zu. Dieses war ein wenig größer und gefüllt mit etwas, das wie lauter schwarz glänzende Kieselsteine aussah. »Mmmmmm!« Wieder klatschte Gaino in die Hände. Er nahm einen abgedeckten schwarzen Eimer und hängte ihn an einem Stock übers Feuer. Dabei sagte er leise etwas zu seinem Bruder.

Ole nickte schwach.

Das dritte und das vierte Bündel packte Gaino gleichzeitig aus. Beide enthielten getrocknetes Schilfgras. »Aaaah!« Er füllte beide Hände damit und hielt sie dem Bruder hin. Dann stopfte er das Gras in ein Paar abgetragener Stiefel.

Sein Bruder lächelte aus schmalen, glasigen Augen.

Nun griff Gaino wieder nach dem Päckchen mit den schwarzen Kieseln. Er legte eine Hand voll in eine Schale aus Birkenholz und fing an, sie mit einem Stein zu zerstampfen. Er musste seine Handschuhe ausziehen, um besser arbeiten zu können, und Bette sah, wie seine Hände zitterten, wie schmal seine Finger und Handgelenke waren. Dieser Winter war sicher einsam und mühsam gewesen für die Brüder.

Dampf stieg aus dem Topf hoch. Gaino schüttete die schwarzen Fasern in ein anderes, kleineres Gefäß um und goss heißes Wasser hinein. Gleich war die rauchige Luft von einem feinen Aroma erfüllt.

Gaino hielt die Brühe zunächst seinem Bruder hin. Mit schwachen, zitternden Händen hielt er ihm die Schale an die Lippen, doch Oles Augen waren geschlossen. Sanft legte Gaino dem Bruder eine Hand auf die Stirn und flüsterte ihm leise etwas zu.

Nur zwei Bündel waren jetzt noch übrig – das allerkleinste und das größte. Das eine hatte auf dem anderen gelegen. Das erste war ein kleiner Lederbeutel, der oben mit einer Sehne zugebunden war. Gaino zog den Knoten auf und spähte hinein. Er lächelte. Es war wohl ein besonderer Leckerbissen. Er legte ihn vorerst beiseite und wandte sich dann dem letzten von Cäsars Geschenken zu. Es war das, das den ganzen Weg über auf dem Rücksitz gelegen hatte.

Gaino trennte die Sehnen durch, mit denen das Päckchen verschnürt war. Sie sprangen zurück, das Bärenfell öffnete sich, und ganz behutsam entnahm Gaino das Geschenk.

»Oooh!«, flüsterte er. »Cäsar, wie gut!«

Es war eine Trommel mit einem langen Holzgriff. Die ovale Fläche war mit blassbrauner Haut bespannt, in die an den Rändern kleine schwarze Markierungen eingebrannt waren.

Gaino betrachtete sie und sein Gesichtsausdruck veränderte sich. Er sah trauriger aus, aber gleichzeitig auch friedvoller, und eine Weile wurde es ganz still im Zelt. Gaino rieb mit dem Daumen über die glatte Haut der Trommel. Er rauchte die Blätter, die Cäsar gebracht hatte, und trank von der Brühe, während sein Bruder in immer tieferen Schlaf fiel.

Schließlich gab Gaino sich einen Ruck und stand auf. Er ging hinüber zu Bette und Cäsar, von dem auch jetzt nur Kopf und Hals durch die Zeltöffnung hineinragten. Gaino beugte sich vor und fragte Cäsar etwas. Cäsar nickte leicht und Bette flatterte von seinem Geweih hinunter in die Nähe des Feuers, während Gaino mit Cäsar hinausging.

Nun waren nur noch die Vögel und der schlafende Ole im Zelt.

»Mutter?« Rhone hatte die ganze Zeit darauf gewartet, sprechen zu können. »Glaubst du, dass wir ihn je finden werden?«

Durch die Öffnung sah Bette, wie Gaino etwas für Cäsar auf der Schneedecke verstreute, Heu oder Moos.

»Ich weiß es nicht.«

Pavel sah zu seiner Mutter auf. »Aber wir suchen doch weiter, oder?«

Kaum merklich hob sich Oles Brust unter den Vögeln und senkte sich gleich wieder. Durch die Öffnung an der Zeltspitze wehten drei Schneeflocken zu ihnen hinein.

»Ich weiß nicht.«

Gaino betrat wieder das Zelt. Er setzte sich neben seinen Bruder und legte ihm die Hand auf die Stirn. Er schnalzte leise mit der Zunge – »Tz, tz« – und schaute die jungen Vögel mit einem müden Lächeln an.

Er zog die Trommel zwischen seine Beine. Er holte einen langen, gebogenen Stab hervor, der unter der Trommel gelegen hatte. Es war eine Geweihstange, die von oben bis unten Verzierungen aufwies. Gaino nahm den Stab in die Hand und fing an, ganz leicht damit die Trommel zu schlagen.

Ta-dam, ta-dam, ta-dam, ta-dam.

Die Schneeflocken sanken ins Feuer. Gaino schlug immer weiter mit der Geweihstange auf die Trommel.

Ta-dam, ta-dam, ta-dam, ta-dam.

Draußen wurde es Nacht. Bald war das Feuer ihr einziges Licht, und an den Zeltwänden flackerten ihre Schatten, tanzten zum Rhythmus der Trommel.

Ta-dam, ta-dam.

Die Vogelkinder kuschelten sich in ihr Nest. Der gleich

bleibende Rhythmus schien ihre Augenlider immer schwerer werden zu lassen, und auch Bette war kurz davor einzuschlafen, als sie durch den Rauch hindurch etwas sah, was sie mit einem Mal wieder hellwach werden ließ, weil es so anders war als alles, was sie je gesehen hatte.

15

Bette sah, wie sich der Schatten Oles, des kranken Bruders, erhob. Pavel und Rhone schliefen nun tief und fest, und Gainos Augen waren starr auf die Trommel gerichtet. Ta-dam, ta-dam. Aber Oles Schatten löste sich von seinem Körper und fing an, um sie herumzutanzen, ein ums andere Mal an den flackernden Zeltwänden entlang.

Schließlich blieb der Schatten bei seinem Bruder stehen. Das kleinste der Geschenke lag noch immer unberührt in Gainos Schoß. Oles Schatten beugte sich hinunter und nahm es. Gaino trommelte immer weiter. Er sah nichts, nicht einmal, als der Schatten seines Bruders sich abwandte und davonging, die Zeltwände aus Rentierfell wie einen Nebel durchschreitend.

Bette folgte ihm. Sie flog dem Rauch hinterher durch die Öffnung an der Spitze, setzte sich auf die gekreuzten Zeltstangen und schaute nach unten.

Gerade ging Oles Schatten an Cäsar vorbei, der schlafend dastand. An den beiden Enden der Kufen saßen zwei Raben und warteten. Als Oles Schatten auf den Schlitten zuging, hüpften sie auf seine Schultern, breiteten die Flügel aus und trugen ihn davon in die Luft. Doch Oles Schatten schien nichts dagegen zu haben, auch dann nicht, als sie mit ihm in den Wald hineinflogen.

Bette flog hinterher, ohne das kleinste Geräusch zu machen. Zwischen den nackten Ästen und kahlen Grashalmen flog sie hindurch, bis sie den Rand einer kleinen Mulde erreichten. Dort ließen die Raben Oles Schatten zu Boden sinken und flogen ihm voraus. In diesem Moment rief Bette. Ole schaute zurück und sah sie heranfliegen. Er hob einen Arm, sie setzte sich ihm aufs Handgelenk, und zusammen spähten sie in die Mulde hinab. Die Raben saßen ganz unten, auf einem Felsüberhang, der den Eingang zu einer kleinen Höhle markierte. Bette erkannte sie wieder – es war die Höhle, in der der Bär seinen Winterschlaf hielt. Inzwischen war sie ganz eingeschneit, aber der Stab vor dem Eingang war immer noch zu erkennen. Nur dass jetzt eine lodernde Flamme an seiner Spitze brannte und der Weg in die Höhle von Spuren markiert war.

In diesem Moment erschien ein dritter Rabe auf der gegenüberliegenden Seite der Mulde. In einem großen Bogen schwang er sich hinab und landete mit einem kurzen Flügelflattern neben seinen Vettern. Ein kleines braunes Kaninchen kam hinterher, das einen Zweig mit Beeren im Maul trug. Bette und Ole sahen ihm zu, wie es den Hang hinunterhoppelte und in der Höhle verschwand, unter den gleichgültigen Blicken der drei schwarzen Vögel.

Auch Ole machte sich jetzt daran, die Höhle zu betreten. Bette saß noch immer auf seiner Schulter. Die Raben krächzten, als die beiden näher kamen, doch Ole lächelte sie einfach an, als er mit Bette unter ihnen hindurchging und die Höhle betrat.

Brennende Fackeln entlang der Felswand beleuchteten einen schmalen Durchgang. Das Kaninchen lief vor ihnen her, aber Bette konnte nicht sehen, wo der Weg hinführte, bis sie um eine große Biegung kamen.

Am Ende des Gangs saß ein großer brauner Bär auf einem niedrigen Felsvorsprung neben dem Eingang zu einem viel dunkleren, unbeleuchteten Tunnel. Ein Stab aus Lindenholz lag auf seinen Knien, und um ihn herum waren lauter Geschenke aufgereiht – Beeren, Federn, Nüsse und Blätter, Kiefernzapfen, polierte Steine und Rentiergeweihe.

Eben verbeugte sich das Kaninchen vor dem Bären und legte ihm die Beeren zu Füßen. Der Bär nickte, das Kaninchen hoppelte in den unbeleuchteten Gang und war verschwunden.

Mit seinem Stab schob der Bär die Beeren zur Seite. Nun war Ole an der Reihe. Auf Knien näherte er sich dem Bären. Bette saß noch immer auf seiner Schulter. Ole löste den Lederbeutel, den er vom Schoß seines Bruders genommen hatte, von seinem Gürtel und öffnete ihn. Ein Stück von einer Honigwabe fiel heraus.

Der Bär schien erfreut, doch als Ole sich abwandte, um zu dem dunklen Gang hinüberzugehen, hielt der Bär ihn an. »Du darfst gehen«, sagte er zu Ole, »aber du« – und dabei schaute er Bette an – »du nicht.«

Bette hüpfte von Oles Schulter. Ole nickte ihr zum Abschied zu und wandte sich, noch immer auf Knien, dem schwarzen Gang zu. Im nächsten Augenblick war auch er verschwunden.

Der Bär wandte sich wieder Bette zu. »Deine Zeit ist noch nicht gekommen«, sagte er.

»Majestät?«

Er spitzte ein Ohr. Er hatte ihre Stimme erkannt. »Du warst schon einmal hier«, sagte er. »Am Abend des ersten Schneesturms. Du standest am Eingang der Höhle und hast geflüstert.«

»Ja, Majestät. Es tut mir Leid. Wir hatten Euch nicht stören wollen.«

Der Bär schüttelte den Kopf. »Wer ist Piorello?«

Bette schwieg einen Moment. Mit dieser Frage hatte sie nicht gerechnet. »Piorello ist mein Mann, der Vater meiner Jungen.«

»Du hattest ihn verloren?«

»Ja.«

»Und hast du ihn wieder gefunden?«

»Nein.«

Der Bär nickte. »Ist das der Grund, weswegen du jetzt hier bist?«

»Ich verstehe die Frage nicht, Majestät.«

»Um nach ihm zu rufen?« Er wies auf den dunklen Gang.

Darauf war Bette gar nicht gekommen. Sie spähte in den Schatten, der so tief und schwarz war. »Würde er mich denn hören?«

»Wenn er da ist.«

Sie lauschte. Sie konnte hören, wie das Herz des Schattens schlug – ta-dam, ta-dam, ta-dam, ta-dam.

»Könnte er mit mir zurückgehen?«, fragte Bette.

Der Bär schüttelte den Kopf. »Es wäre das letzte Mal, dass du ihn sehen könntest.«

Bette verstand. Gegen diesen Gedanken hatte sie sich die ganze Zeit gewehrt, ihn hatte sie am meisten gefürchtet. Dass Piorello für immer fortgegangen war, dass er hier war. Dass sie ihn in der Welt draußen nie mehr würde finden können.

Sie trat auf den Schatten zu. Ihr Herz pochte heftig. Sie schloss die Augen und versuchte seinen Namen zu rufen: »Pio…« Doch die Angst schnürte ihr die Kehle zu.

»Macht nichts«, sagte der Bär. »Versuche es noch einmal.«

Dieses Mal blickte sie auf den Eingang des Tunnels, hob den Kopf und rief: »Piorello? … Piorello? … Bist du da?«

Von weit hinten kam das Echo ihrer Stimme zurück. Sie wartete auf eine Antwort, hoffte, dass sie ausbliebe. Nur der Trommelschlag war zu hören – ta-dam, ta-dam.

»Piorello? … Kannst du mich hören? … Piorello?«

Wieder lauschte sie, und wieder hörte sie nichts als das matte Echo ihres Liedes und das Trommeln in der Stille – ta-dam, ta-dam.

»Ich kann ihn nicht hören«, flüsterte sie.

Der Bär schüttelte den Kopf.

Bette spürte, wie ihr das Herz aufging. Er war nicht hier, noch nicht. Doch dann musste sie wieder an den Wald dort draußen denken, der so groß und tief war, daran, wie lange sie bereits unterwegs waren, und es war nur noch die eine Frage in ihr: Wo?

Der Bär legte den Kopf auf die Seite.

»Was ist?«, fragte Bette.

»Irgendetwas.« Er lehnte sich zum finsteren Gang hinüber.

Bitte nicht, dachte Bette. Nicht Piorello. Ich will ihn finden, ich will alles versuchen. Sie wandte das Ohr und horchte ins Dunkel *hinein. Sie hörte das Trommeln, ta-dam, ta-dam, aber da war noch etwas, der Bär hatte Recht. Weit hinter den Trommelschlägen war etwas zu hören.*

Aber das war nicht Piorello. Das klang wie Schreien, wie Zischen, wie hohes Gebell.

Das waren Gänse.

Eine Schar Wildgänse kam angeflogen, und alle riefen sie hinunter: »Komm mit, komm mit.«

Bette schaute auf und sah sie. Es waren mindestens zwei Dutzend, die in Formation durch die pechschwarze Dunkelheit angeflogen kamen. »Komm mit, komm mit!«

Dann, gerade als sie über sie hinwegflogen, fiel etwas aus dem Schnabel der Leitgans, etwas Kleines, Weißes. Es taumelte durch das Dunkel hinunter, wie eine Feder, und blieb vor Bette liegen, dort, wo die Dunkelheit begann.

Ein Kranz aus weißen Blüten.

Das Mädchen.

Piorello war bei dem Mädchen.

16

Das Trommeln verklang und Bette erwachte in der rauchigen Luft von Oles und Gainos Zelt. Das Feuer war erloschen. Weißes Morgenlicht schien durch den Rauchabzug hinein. Gaino saß mit offenen Augen da und starrte vor sich hin. Pavel und Rhone kauerten auf Oles Felldecke, doch Oles Brust hob sich nicht und sein Gesicht war noch eine Spur blasser, als es am Abend gewesen war.

Bette hörte Cäsar im Schnee scharren. Sie flog durch die Öffnung oben im Zelt hinaus.

»Cäsar.«

Er stand oben auf der Böschung und fraß. Sie flog zu ihm hinüber und setzte sich vor ihn. »Cäsar, ich muss zurück.«

Er sah sie an. »Zurück?«

»Zur Weide, dahin, wo wir unser Nest zuerst hatten.«

Cäsar schüttelte den Kopf. Er verstand gar nichts mehr.

»Ich habe geträumt«, erklärte sie. »Ich habe mit dem Bären gesprochen, in der Höhle, und ich muss zurück. Ich bin jetzt sicher, dass Piorello dort ist.«

Cäsar fragte nicht weiter. »Weißt du den Weg?«

»Ich glaube schon.« Bette schaute zwischen den Bäumen hindurch. »Beim Fluss geht er los, das weiß ich. Wir fliegen immer am Ufer entlang, bis zur großen Fichte, und dann ...« Sie verstummte. Sie hatte so viel Zeit im Nest verbracht und dabei gar nichts gesehen von ihrem Weg. »Wir können ja sicher immer deiner Spur folgen.«

Cäsar schüttelte den Kopf. »Nicht, wenn es schneit.« Er schaute zurück auf die dürftige Unterkunft seiner Freunde. Im selben Moment hob sich die Zeltplane und Pavel und Rhone kamen erschrocken herausgeflogen. Sie schossen geradezu auf Cäsars Geweih zu. Dann trat Gaino heraus.

Sie erkannten ihn kaum wieder, so finster schaute er drein. Ohne ein Wort zu sagen, kam er auf sie zu, die Augen fest auf den Schnee gerichtet. Auch als er neben ihnen stand, begrüßte er sie nicht. Er hob nur einen Klumpen Moos auf, packte Cäsar am Zügel und führte ihn am zugefrorenen Fluss entlang vom Zelt weg.

»Wohin gehen wir?«, flüsterte Rhone.

Bette schüttelte den Kopf. Sie wusste es auch nicht.

Bei der großen Fichte blieben sie stehen. Gaino nahm Cäsar das Zaumzeug ab, murmelte etwas und warf das Moos auf den Schnee. Dann drehte er sich um und ging.

Cäsar schien unsicher. Er machte einen Schritt in Gainos Richtung, aber Gaino wandte sich um und schüttelte den Kopf. »Nein«, sagte er, dieses Mal schon etwas lauter. Er verwischte Cäsars Spuren mit seinem Stiefel und schickte ihn mit einer Handbewegung und einem neuen kurzen Befehl zurück. Wieder ging er auf das Zelt zu, doch Cäsar verstand noch immer nicht. Noch einmal machte er einen Schritt nach vorn, aber dieses Mal fuhr Gaino herum und blickte ihn zornig an. »Nein!« Er schlug mit den Zügeln nach Cäsar, so dass die Vögel erschrocken auf einen Ast flatterten. Gaino herrschte Cäsar an und schlug wieder mit den Zügeln, doch Cäsar wehrte sich nicht, zuckte nicht einmal. Er tat nur überrascht einen Schritt zurück. Einen Moment lang standen die beiden alten Freunde da und schauten sich an. Schließlich senkte Gaino den Kopf. Mit sanfter Stimme sagte er etwas, bevor er sich ein drittes Mal auf den Rückweg machte.

Cäsar blieb stehen. Er sah Gaino zu, wie er am Ufer entlanghumpelte. Klein und zerbrechlich sah er aus.

Die Vögel flogen vom Baum herunter. »Was war denn los?«, fragte Rhone. »Warum war er so ärgerlich?«

Cäsar schüttelte nur den Kopf. Erst als Gaino den ganzen Weg zurückgelegt hatte und sich wieder sicher im Zelt befand, sprach das Rentier. »In dem Traum, den du diese Nacht geträumt hast – kam Ole darin vor?«

»Ja«, sagte Bette.

»Wird er heute Morgen aufwachen?«

Bette dachte nach und erinnerte sich, wie Ole im Schatten verschwunden war. »Cäsar – es tut mir so Leid.«

Pavel und Rhone waren zu aufgeregt, um zuzuhören, geschweige denn zu verstehen. Pavel schaute auf. »Aber wohin gehen wir jetzt, Mutter?«

»Nach Hause«, sagte sie rasch. »Dorthin zurück, wo ihr zur Welt gekommen seid.«

»Warum?«, fragte Rhone.

»Weil ich glaube, dass euer Vater dort sein könnte.«

»Wieso?«

Bette sah auf ihre Tochter hinunter. Sie konnte verstehen, dass die Kleinen unruhig waren. Sie hatten schon so viel mitgemacht, so lange gewartet, auf so wenig.

»Ich glaube es einfach.«

»Kommt Cäsar mit?«, wollte Pavel wissen.

»Ich weiß es nicht.«

Alle drei schauten hinunter. Cäsars Blick war noch immer in die Ferne gerichtet, auf den feinen Rauch, der sich jetzt aus der Zeltöffnung kräuselte. Leise drang das ta-dam, ta-dam der Trommel zu ihnen hinüber.

Cäsar nickte. »Ich denke schon.«

Bette hüpfte hinunter auf die unterste Geweihspitze. Sie wollte ihm danken, doch sein Blick sah so ernst aus. Noch nie hatte sie ihn so gesehen. »Cäsar?«, flüsterte sie, doch er schien sie nicht einmal zu hören. Er wandte einfach den Kopf ab und ging los.

Scheu und stumm blickten Pavel und Rhone nach unten. Auch sie spürten, dass sich etwas verändert hatte.

Cäsar sagte nichts. Er reckte sein Geweih nach vorn und trug sie zurück durch den Birkenwald, zum ersten Mal, seit sie ihn kannten, befreit vom Gewicht des Schlittens.

17

Piorello befand sich weit draußen über dem Meer. Es war Nacht. Groß und rund stand der Mond am Himmel und jede Schaumkrone warf sein Licht zurück.

Nirgends war Land in Sicht, weder vor ihm noch hinter ihm, aber Piorello hatte sich nicht verirrt, und müde war er auch nicht. Er flog im Windschatten eines Raben. Er sah, wie die schwarzen Flügel vor ihm sich hoben und senkten und mit jedem Schlag die Sterne verdunkelten. Er konnte hören, wie sie den Wind streichelten, und er fühlte, wie der Luftzug ihn nach vorn zog.

Über ihm zog ein Reiher vorbei, gefolgt von einem Falken, und hinter dem Falken kamen andere Raben. Der Himmel war voller Vögel, Vögel aller Art, und alle überquerten das Meer im Gefolge einer großen Rabenschar, die weithin den Nachthimmel schwärzte und wie Schatten den Wind durchschnitt.

Der Rabe würde ihn ans andere Ufer führen, dachte Piorello.

Das Einzige, was er tun musste, war, dicht hinter ihm zu bleiben, dann konnten die Winde ihm nichts anhaben, konnten ihn nicht würgen oder ins Meer hinabstürzen. Er würde die andere Seite des Meeres erblicken.

Ein ums andere Mal wiederholte er sich diese Worte. Halte dich einfach an den Raben, sei ganz ruhig, da bist du sicher.

Doch dann war da auf einmal ein Geräusch, wie ein weit entferntes Murmeln, und Piorello musste die Flügel ganz still halten. Wie eine Stimme klang es, aber woher kam sie?

Er schaute hoch zum Mond und da hörte er es wieder.

»Piorello?«

Bette.

»Bist du da?«

Er wollte antworten, ja, Bette, hier bin ich! Aber er wagte es nicht, eine Pause zu machen. Wenn er den Raben verlor, dann würde er es niemals nach drüben schaffen. Dann wäre er verloren.

Doch da war ihre Stimme wieder.

»Piorello? ... Kannst du mich hören?«

Dieses Mal konnte er nicht anders. Er öffnete den Schnabel, um ihren Namen zu rufen, der Rabe schlug mit den Flügeln, und bevor Piorello noch seine Stimme hören konnte, hatte ihn schon eine Windbö erfasst. Der weite Himmel verschluckte ihn, und genau wie er es befürchtet hatte, wie er es geträumt hatte, befand er sich ganz allein weit draußen über dem Meer.

Aber der Wind stürzte ihn nicht hinab, würgte ihn nicht, denn jetzt war ihre Stimme wieder da.

»Piorello!«

So süß war der Klang ihrer Stimme, dass es schien, als ob der

Nachthimmel selbst ganz still würde, um sie zu hören. Sanft wehten die Winde unter ihm, und er brauchte nur seine Flügel zu heben, schon trugen sie ihn in weiten Bögen hinunter, immer im Kreis herum, bis hinab zur schlingernden See. Er glitt hinunter zu den Wellen, und als er die Meeresoberfläche erreicht hatte, da setzten die Winde ihn ganz sanft ab, nicht auf einer brausenden Welle, nicht auf der Schaumkrone, sondern auf dem weichen, flachen Bett eines verlassenen Nests, dem Nest eines Eisvogels.

Die See war ruhig. Hoch oben flogen all die anderen Vögel weiter in ihren Tod, nur Piorello lag in seinem Nest, trieb dahin, wartete, ein williger Gefangener der Gezeiten.

Bette rief nach ihm. Noch immer.

18

Der erste Sturm dieses Winters hatte die Schule fast unter Schneemassen begraben. Die Mädchen, deren Reisetaschen schon alle fix und fertig gepackt waren, hatten ihre Abreise verschieben müssen. Wie Eichhörnchen oder Spatzen kauerten sie sich in ihren Zimmern zusammen. Noch einen Tag lang schneite es mit Unterbrechungen, doch am nächsten Morgen zeigte sich wieder die Sonne.

Bernard, der Bernhardiner, nutzte das sofort aus. Nachdem er so lange am Feuer gelegen hatte, wäre ein Spaziergang über die Felder sicher genau das Richtige. Er nahm an, dass Piorello sicher gern mitkommen würde, also machte er zunächst einen kleinen Umweg, um zum Fenster seines Freundes hochzuschauen, das wie gewöhnlich einen Spalt offen stand. Er bellte ein paarmal, aber es kam keine Antwort. Seltsam, dachte er, aber was soll's, dann hat er halt Pech gehabt. Und so machte er sich allein auf den Weg zu den Feldern hinüber.

Tiefer Schnee lag überall, aber Bernard hatte es trotzdem schon fast über die erste Wiese geschafft, als sein Blick auf einen eigenartigen Steingarten an der Brücke fiel, dort, wo die Gänse immer gern gerastet hatten. Genau an dieser Stelle, dachte er. O nein! Nein, das war nicht möglich. Er lief in die Richtung. Das kann nicht wahr sein, dachte er, aber dann sah er, dass es wirklich so war: Dort drüben lag eine ganze Schar Wildgänse, erfroren im Schnee.

Er hastete hinüber, um zu sehen, ob er vielleicht doch nicht zu spät gekommen war. Aber als er zwischen den kalten grauen Vogelkörpern herumlief, roch er es. Trotz der Kälte war es ihm klar – es roch nach Tod, viel Tod.

Dann fing seine Nase einen anderen Geruch auf, den Geruch von etwas, das noch warm war, drüben bei den jungen Gänsen. Mit einer Pfote strich er über das Gefieder. Es kam ihm vertraut vor, und als er den Schnee weggewischt hatte, fand er, dicht an einen Flügel der kleinen Gans gekauert, den zitternden Spatz.

»Piorello?« Bernard stupste ihn mit der Nase an. »Piorello, wach auf. Was machst du denn hier?« Bernard leckte ihn ab. »Piorello?« Der kleine Vogel rührte sich nicht, aber Bernard schmeckte es, dass er noch lebte. Sanft nahm er ihn ins Maul und lief, so schnell er konnte, zurück über die schneebedeckte Wiese. Er rannte den ganzen Weg bis zu den Schlafzimmern der Mädchen und drängte sich durch die Schwingtür ins Zimmer von Schwester Poole.

Die Schwester saß an ihrem Schreibtisch. Im ersten Moment warf sie Bernard einen vorwurfsvollen Blick zu, weil er so viel Schnee ins Zimmer brachte, aber dann bemerkte sie, dass er etwas im Maul trug.

Sie fasste ihn am Ohr und Bernard ließ den Spatz in ihren Schoß fallen.

Die Schwester nahm den Vogel in beide Hände. Sie hielt ihn dicht an ihr Ohr und rieb mit beiden Daumen über seine Brust. Dann legte sie ihn dicht vors Kaminfeuer und bekreuzigte sich. Bernard ging hinaus, um den Hausmeister zu suchen und ihn zur Brücke zu führen.

Das Erste, was Piorello sah, als er erwachte, war ein leise prasselndes Feuer. Er lag vor einem Kamin auf einem weichen Lager. Das Zimmer war schlicht. Es war ein bisschen größer als das des Mädchens, aber genauso einfach eingerichtet.

Wo bin ich?, dachte er.

Er schaute zum Fenster hinaus. Schnee. Da fielen ihm die Gänse wieder ein.

Was ist das hier bloß für ein Raum?

»Hallo!«, krächzte er.

In diesem Moment öffnete sich die Tür und die Schwester mit dem kräftigen Kinn trat ein. Sie kam direkt auf den

Kamin zu und hob ihn auf. Sie sprach zu ihm mit ganz sanfter Stimme. Dann hielt sie ihm einen Unterteller mit Wasser hin, aber er schaffte es gerade nur, drei Schlucke zu trinken, bevor sie ihn in eine Decke wickelte, die auf dem Stuhl gelegen hatte. Sie drückte ihn fest an sich und verließ mit ihm den Raum, ging durch zwei Türen hindurch und eilte dann eine Treppe hinauf.

In Mänteln und mit Hüten auf dem Kopf gingen die Mädchen nach unten, gefolgt von älteren, schwarz gekleideten Männern, die, als sie die Schwester sahen, mit einer kurzen Verbeugung den Finger an die Mütze legten. Die Schwester eilte an ihnen vorbei, die nächste Treppe hoch und einen langen Gang hinunter.

Auf halbem Weg blieb sie stehen und klopfte an eine Tür. Als sie die Tür öffnete, sah Piorello, dass es das Zimmer des Mädchens war. Da war sein Ast, und da standen seine Näpfe. Das Fenster stand einen Spalt offen, aber das Mädchen war nicht da. Das Bett war gemacht, nur saßen die Puppen nicht darauf.

Die Schwester durchquerte das Zimmer, um das Fenster zu schließen, dann ging sie schnell wieder hinaus. Piorello noch immer an die Brust gedrückt rannte sie durch den Korridor und beide Treppen hinunter. Draußen ging sie direkt zu ihrem Fahrrad hinüber. Sie setzte Piorello in den Korb und lenkte ihr Rad heftig strampelnd zum Tor hinaus.

Durch das Korbgeflecht hindurch konnte Piorello die Straße sehen, die den Hügel hinunterführte. Eine lange

Reihe von Pferdekutschen zog über die Straße, an der sich rechts und links der Schnee hoch auftürmte.

Ohne abzubremsen fuhr die Schwester bergab. »Platz da! Platz da!«, rief sie und klingelte die ganze Zeit mit ihrer Fahrradschelle. Aus den Fenstern der Kutschen starrten die Mädchen der vorbeiradelnden Schwester nach.

Elsbeth hatte gerade aufgehört zu weinen, als sie auf einmal hinter sich ihren Namen hörte.

»Miss Bonner! Miss Bonner!«

Es hörte sich an wie Schwester Pooles Stimme.

Elsbeth schaute zum Fenster hinaus. Sie war es tatsächlich, auf ihrem Fahrrad, das schwarze Gewand gebläht vom Wind. »Mr Doogan, halten Sie an!«

»Miss Bonner.« Die Schwester bremste und kam neben dem Kutschenfenster zum Stehen

»Stimmt irgendwas nicht, Schwester?« Elsbeth war verlegen. Sie fühlte, dass ihr Gesicht noch immer rot und feucht war.

Die Schwester holte erst einmal Luft, bevor sie nach der Decke in ihrem Korb griff. »Ich habe hier einen Freund von Ihnen, Miss Bonner.« Sie öffnete die Decke ein wenig, so dass Elsbeth hineinschauen konnte. »Er hat nach Ihnen gerufen.«

Der Vogel! Elsbeth traute ihren Augen kaum.

»Er hat ein paar schwere Tage hinter sich«, erklärte die Schwester, »aber wenn Sie gut auf ihn aufpassen, geht es ihm bestimmt bald wieder besser.«

»Bestimmt. Vielen Dank, Schwester.« Das Mädchen streckte die Hand aus und nahm den Spatz in beide Hände.

»Nehmen Sie ruhig auch die Decke und sehen Sie zu, dass er es immer schön warm hat.«

»Ja, Schwester, danke.«

»Gern geschehen, mein Kind.« Sie beugte sich vor, um noch einen Blick auf den Vogel zu werfen. »Und du, mein Kleiner, werde nur schnell wieder gesund. Fröhliche Weihnachten, Miss Bonner.«

»Fröhliche Weihnachten, Schwester! Und noch mal vielen Dank.« Wie dankbar sie ihr war, hätte sie gar nicht sagen können.

Mit einem Kopfnicken gab die Schwester Mr Doogan zu verstehen, dass er weiterfahren konnte, dann machte sie kehrt und fuhr mit ihrem Rad wieder bergauf. Dieses Mal trat sie langsamer in die Pedalen und nickte den Mädchen, die aus den vorbeifahrenden Kutschen herauswinkten, würdevoll zu.

Mr Doogan wandte sich um. »Haben Sie alles, was Sie brauchen, Miss Elsbeth?«

»Ja, Mr Doogan, danke.«

Sie zog den Kopf wieder in die Kutsche zurück und blickte auf den Vogel hinunter. Ihr Herz pochte noch immer heftig vor lauter Dankbarkeit und Erleichterung. Sie konnte es noch gar nicht glauben, dass er wieder bei ihr war. »Wo hast du denn bloß gesteckt?«, flüsterte sie. »Ich habe solche Angst um dich gehabt.«

Der Vogel war beinahe zu erschöpft, um zu antworten.

Ein schwacher, fast klagender Laut war alles, was er hervorbrachte, dann schmiegte er seinen Kopf in ihre Hand.

Aber es war eigenartig – zum ersten Mal kam es ihr vor, als würde sie ihn verstehen. Er wollte nichts anderes, als wieder nach Hause zu kommen. Mehr hatte er nie gewollt.

Sie lehnte sich aus dem Fenster. »Mr Doogan.«

»Ja, Miss Elsbeth?«

»Sie haben doch sicher verstanden, dass ich nach Newcastle soll, nicht nach London.«

Er brachte die Kutsche zum Stehen und drehte sich zu ihr um. »Wie bitte?«

»Miss Poole hat es gesagt. Sie sagte, sie hätte soeben eine Nachricht von meinem Vater erhalten, ein Telegramm vom Kontinent. Wir werden Weihnachten bei meiner Großmutter verbringen.«

Mr Doogan runzelte die Stirn. Davon hatte er nichts gehört. »Weiß Master Miles davon?«

»Ich nehme es an«, sagte Elsbeth. »Ich vermute, dass er bereits unterwegs ist.«

Mr Doogan sah sie ein Weilchen an, verwirrt und misstrauisch. »Ist alles in Ordnung mit Ihrer Großmutter?«

»Ich weiß es nicht«, sagte Elsbeth. »Ich hoffe, ja. Ich weiß auch nicht mehr, als dass wir zu ihr sollen ... Bitte, Mr Doogan. Es muss sein.«

Sie sah ihm ins Gesicht, und es war wohl der flehentliche Ausdruck ihrer Augen, der ihn umstimmte.

Er nickte schwach. »Wie Sie wünschen.« Er drehte sich

wieder um und zog leicht am Zügel. »Also los, Winnie, du hast gehört, was Miss Elsbeth gesagt hat.«

»Danke, Mr Doogan.«

Und so kam es, dass die gute Schwester Poole, als sie endlich wieder oben auf dem Hügel angekommen war, bemerkte, dass an der Foxridge Road alle Kutschen nach links abbogen zum Bahnhof von Darlington, alle außer der von Elsbeth Bonner, die nach rechts abbog, wo es nichts gab als den Kai von Newcastle und das Dampfschiff, das täglich von dort auslief.

TEIL VI

19

Zurück ging Cäsar einen anderen Weg, und jetzt, da der Schlitten nicht mehr hinter ihm war und an ihm zerrte, konnte er auch schneller laufen. Bette war sich nicht ganz sicher, wo sie eigentlich waren, aber sie dachte, dass es besser sei, keine Fragen zu stellen. Cäsar schien nicht sehr gesprächig zu sein.

Er war sogar ungewöhnlich still und sein Schweigen ließ auch Pavel und Rhone ziemlich stumm werden. Die meiste Zeit saßen sie auf dem Geweih, und nur dann und wann flogen sie umher, um sich etwas zu essen zu suchen. Sie sangen kaum und sprachen wenig. Was sie untereinander bereden wollten, sparten sie sich auf für ihre Flüge zwischen den verkrüppelten Bäumen, und immer drehten sich ihre Gespräche um Cäsars Stimmung. »Stimmt etwas nicht mit ihm?«, fragten sie einander immer wieder. »Hat er sich vielleicht über uns geärgert?«

»Nein«, antwortete Bette jedes Mal. »Er will uns einfach so rasch wie möglich zurückbringen, und außerdem vermute ich, dass er sich Sorgen macht um seinen Freund.«

Schließlich, als sie den dritten Tag unterwegs waren, blieb Cäsar neben einem Brombeerbusch stehen und sprach zum ersten Mal, seit sie Gaino verlassen hatten. »Esst«, sagte er. »Und sammelt so viel, wie ihr finden könnt.«

Bette war überrascht. Sie hüpfte hinauf auf den Ast einer nahen Birke, um sich einen Überblick zu verschaffen, und sah hinter den Büschen eine weite, weiße Fläche.

»Cäsar, ist das der See?«

Pavel und Rhone flatterten zu ihr hinauf, um auch sehen zu können.

»Ja.«

»Wo ist denn die Weide?«, wollte Rhone wissen, »in welcher Richtung?«

»Geradeaus«, sagte Cäsar.

Die drei Vögel spähten zwischen den Zweigen hindurch, ob sie irgendetwas erkennen konnten am anderen Ufer, aber da war nichts. Nicht einmal der Horizont war zu sehen, so weiß war der Himmel.

»Aber der See hört ja gar nicht auf«, meinte Pavel.

»Doch«, sagte Cäsar, »ihr könnt nur nicht so weit sehen.«

»Wie viele Tage werden wir von hier aus brauchen?«, fragte Bette.

»Drei. Vielleicht vier.«

»Vier?« Sie schaute zu ihm hinunter. Sie hatte viel mehr erwartet. »Außen herum?«

Cäsar schüttelte den Kopf. »Quer rüber.«

Pavel und Rhone sahen einander aufgeregt an, doch Bette war nur besorgt.

»Pavel, Rhone«, sagte sie und ihre Stimme war verdächtig ruhig, »würdet ihr uns einen Moment allein lassen? Warum guckt ihr nicht mal, ob ihr vielleicht etwas zu essen für uns findet?«

Als ihre Jungen davonflogen, hüpfte Bette wieder auf Cäsars Geweih hinunter. »Hast du wirklich *quer rüber* gesagt, Cäsar?«

Er nickte. »Noch vier Tage, dann sind wir da.«

»Aber die Kälte!«

»Wir sollten dankbar sein dafür. So trägt uns nämlich das Eis.«

Bette blickte wieder durchs Dornengestrüpp. »Und wie lange würden wir brauchen, wenn wir außen herumgingen?«

»Einen Mond. Zu lange. Wir werden gut klarkommen, solange ihr nur genug zu essen herbeischaffen könnt. Tut es in euer Nest.«

»Und was ist mit dir?«

»Ich komme schon zurecht. Aber nun flieg los.« Er begann im Schnee nach Heide zu scharren.

Bette schaute zu ihm hinunter. Er war auf einmal schrecklich starrköpfig, und sie verstand nicht richtig, wieso eigentlich. Aber auf jeden Fall schien er ihr keine Wahl zu lassen.

Sie rief nach Pavel und Rhone.

Ein im Frost erstarrter Preiselbeerbusch antwortete zweistimmig: »Ja, Mutter.«

Bette flog hinüber und hockte sich auf einen Ast im Gebüsch. »Iss jetzt nicht, Pavel. Wir haben eine weite Reise vor uns.«

»Überqueren wir also wirklich den See?«, fragte Rhone.

»Ja. Deshalb müssen wir alles, was wir finden können, ins Nest bringen und aufbewahren.«

»Aber hier gibt es gar nichts.« Pavel schüttelte den Kopf.

Bette ließ ihre Blicke übers Gebüsch wandern und sah, dass er Recht hatte. Mitten im tiefsten Winter in einem unbekannten Teil eines Waldes nach Nahrung zu suchen war ein mühsames Unterfangen.

Auf einmal erblickte sie etwas hoch oben auf einem Ast in einer Erle. Ein altes Eichhörnchen spähte zu ihnen hinunter.

»Hallo«, rief Bette. Sofort verschwand das Eichhörnchen in seinem Baumloch, doch Bette flog trotzdem auf den Baum. Pavel und Rhone folgten ihr.

»Hallo?« Sie landeten neben dem Loch. »Entschuldigung?«

Im Loch blieb alles ruhig.

»Hallo!«

»Einige von uns versuchen gerade zu schlafen«, ertönte eine ärgerliche Stimme.

»Ich weiß«, flüsterte Bette. »Es tut mir Leid, dass ich störe, aber ich habe dich zufällig draußen gesehen, und meine Jungen und ich brauchen dringend Hilfe.«

Wieder blieb es einen Moment lang still.

»Hallo!«

»Hilfe wobei?«

»Wir befinden uns auf einer Reise ...«

»Wir überqueren den See!« Pavel reckte den Hals.

»Ja«, sagte Bette, »und deswegen müssen wir Proviant sammeln. Ich weiß, dass es viel verlangt ist, aber ich dachte, vielleicht könntest du ein wenig von deinen Vorräten entbehren ...«

»Entbehren?! Meine Vorräte???« Eine sich überschlagende Stimme war aus dem Loch zu hören, dann streckte plötzlich das Eichhörnchen den Kopf heraus. »Was soll das denn heißen? Du kannst doch nicht einfach um meine Vorräte bitten! Da hättest du schon selbst etwas sammeln müssen.«

»Ich weiß, aber dazu hatten wir keine Zeit.«

»Was habt ihr denn gemacht?«

»Wir waren auf Reisen.«

»Also, jetzt ist doch wahrhaftig nicht die richtige Zeit fürs Reisen. Es ist tiefster Winter.«

»Ich weiß«, sagte Bette wieder, »aber wir müssen auf die andere Seite des Sees.«

»Auf die andere Seite des ...« Das Eichhörnchen stotterte wieder. »Und was könnte der Grund dafür sein?«

»Unser Vater ist dort«, sagte Rhone.

»Wir hoffen es jedenfalls«, verbesserte Bette sie.

»Ihr hofft es? Also, wenn ihr wirklich vorhabt, den See zu überqueren, dann solltet ihr schon etwas mehr als Hoffnung haben.« Vorwurfsvoll sah das Eichhörnchen Bette an. »Kannst du nicht wenigstens mit den Kleinen außen herumfliegen?«

Das war eine gute Frage. Bette wäre es so auch lieber gewesen.

»Aber wir müssen schnell dorthin kommen«, sagte Pavel.

»Und wir gehen auch nicht allein«, fügte Rhone hinzu. »Sag es ihm, Mutter. Sag ihm, dass Cäsar uns rüberbringt.« Sie wies mit dem Kopf zu den Brombeerbüschen hinüber, wo Cäsar unter dem Schnee etwas Moos gefunden hatte.

Das Eichhörnchen schaute nach unten. Sein Schnurrbart zuckte. Es war immer noch nicht einverstanden. »Tut mir Leid. Wir sind mitten im Winter.«

Bette wollte es nicht weiter bedrängen. Sie konnte es ja verstehen. »Vielleicht kannst du uns aber sagen, wo wir ein gutes Gebüsch oder vielleicht eine Kiefer finden können.«

Das Eichhörnchen schüttelte den Kopf. »Es ist doch längst alles weggeholt, begreifst du das denn nicht?« Es zog sich wieder in sein Loch zurück, und Bette hörte, wie es im Innern des Baums eilig zu seinem Winterlager huschte.

Es hatte ja Recht. Bette blickte wieder auf den kalten, kahlen Wald. Sie wusste auch nicht, wo sie je genug zu essen finden könnte.

Auf einmal fiel etwas – tock-tock-tock-tock – von Ast zu Ast den Baum herunter und landete mit einem sanften Aufprall im Schnee.

Pavel flog hinunter, um nachzusehen. »Es ist eine Eichel.«

»Aber das hier ist doch keine Eiche.« Rhone schaute neugierig nach oben. »Was glaubt ihr, wo das herkam?«

Bette war sich nicht sicher.

Dann fiel wieder etwas von der Spitze des Baums hinab.

Auch dieses Mal hüpfte Pavel hinüber, um es zu untersuchen. »Samenkörner«, rief er hinauf.

»Mutter, schau!« Rhone zeigte hinunter auf die Wurzeln der Tanne neben ihnen. Zwei kleine Pfoten schoben einen Zweig Preiselbeeren ins Freie.

»Viel Glück!«, sagten zwei schüchterne Stimmen. Es waren Kaninchen.

Bette war völlig überrascht. »Danke schön.«

Und dann, wie nach einem Regenschauer am Nachmittag, purzelten immer mehr Nüsse und Samen aus dem Blätterdach oder aus den vielen kleinen Winterlagern hinunter und landeten mit einem sanften *plopp* im Schnee.

Pavel holte als Erstes den Zweig mit den Preiselbeeren und flog damit auf Cäsars Geweih zurück.

»Vielen Dank!«, rief Bette. Sie sang es zu all den gleichgültigen Bäumen hinüber, bevor sie und Rhone sich Pavel anschlossen und sich daranmachten, den Rest einzusammeln.

Es dauerte nicht lange und der Haufen in ihrem Nest war so angewachsen, dass der Boden langsam nachgab.

»Ich glaube, viel mehr können wir nicht mehr mitnehmen«, sagte Bette schließlich. »Cäsar, wird es dir so zu schwer?«

Als das Rentier den Kopf schüttelte, geriet das Nest leicht ins Wanken. »Doch, so ist es genug. Pavel? Rhone?«

Die Vögel nahmen ihre Plätze auf dem Geweih wieder ein. Das Nest rutschte zurück an seinen üblichen Platz, und Cäsar steuerte den nächsten freien Durchgang zum Seeufer an.

»Vielen Dank, euch allen«, rief Bette ein letztes Mal.

»Danke schön!«, rief auch Rhone.

Dann betrat Cäsar die endlose weiße Fläche.

20

Gleich nachdem die Kutsche das erste Mal abgebogen war, wusste Piorello, dass das Mädchen ihn zurückbringen würde. Das hatte nichts mit der Richtung zu tun, die der Wagen eingeschlagen hatte – Piorello konnte ohnehin nichts anderes fühlen, als dass die Kutsche ihn von einer Seite zur anderen warf. Doch während er im Schoß des Mädchens lag, halb wachend, halb schlafend, spürte er es an der Art, wie sie ihn berührte, an der Art, wie sie mit der Hand ihr Lächeln verbarg, wenn sie aus dem Fenster schaute. So glücklich hatte er sie nur gesehen, wenn sie zu Hause auf dem Vogelweg gewesen war und die Hand mit den Körnern für die Vögel ausstreckte.

Die Reise dauerte fünf Tage, und der Mann, der die Kutsche lenkte, begleitete sie auf der ganzen Strecke. Zuerst brachte er sie zu einem großen Schiff, das Rauch aus einem hohen schwarzen Schornstein blies, genauso wie das, auf dem sie damals herübergekommen waren. Drei Tage dauerte die Überfahrt. Dann bestiegen sie eine riesige Kutsche, die an eine furchtbar lange Schlange erinnerte, aber schrecklich fauchte. Nachdem sie über die Berge gefahren waren, kamen sie zu einem zweiten Schiff, an dessen Spitze ein hoher Mast stand. Mit diesem Schiff fuhren sie noch einen ganzen Tag, und diesen Tag verbrachten das Mädchen und Piorello fast nur an der Luft. Es war kalt, aber das machte ihnen nichts, weil sie beide wussten, dass jeder Augenblick, der verging, sie ihrem Zuhause näher brachte.

Das letzte Stück der Reise legten sie wieder in einer Kutsche zurück. Ein kräftiges Zugpferd mit wolligem Fell zog sie von der Anlegestelle durch ein Dorf und dann durch eine verschneite Landschaft. Piorello ging es mittlerweile wieder viel besser, aber das Geruckel der Kutsche, das bläuliche Dämmerlicht draußen und der Anblick der fernen Berge, deren Gipfel alle in Wolken verborgen waren, machten, dass er tief und fest schlief, als sie endlich ankamen.

Das Mädchen nahm ihn aus der Tasche und weckte ihn sanft auf. Das Dach des großen Hauses, vor dem die Kutsche zum Stehen gekommen war, war schneebedeckt. Zu beiden Seiten erstreckte sich ein Birkenwald. Durch die Fenster erkannte Piorello das Ufer, den See. Sie waren da. Sie waren zu Hause.

Doch es war eigenartig: Als das Mädchen ihn über

den Weg zum Haus trug, schaute Piorello auf die Wälder. Nach der langen Zeit, die er weg gewesen war, den vielen Tagen und Nächten, die er auf diesen Moment gewartet hatte, hätte er gedacht, dass er auf der Stelle davonfliegen wollte. Dass er so schnell wie möglich nach Bette suchen wollte. Aber als er so aus der Tasche des Mädchens hinausschaute über all diese schlafenden Bäume, die so kahl und still dastanden, so ganz anders als die, die er letzten Sommer verlassen hatte, da fühlte er eine seltsame Scheu. Zum ersten Mal kam ihm der Gedanke, Bette könne vielleicht gar nicht mehr in der Weide wohnen, nicht jetzt, wo es so kalt war. Bestimmt war sie weggezogen.

Bevor er noch anfangen konnte, darüber nachzudenken, wohin sie gegangen sein könnte, stiegen sie bereits die Stufen zum Haus hoch, und im nächsten Moment flog die Haustür weit auf.

»Elsbeth?« Fräulein Gulbrandsen stand vor ihnen und schaute völlig entsetzt drein. »Was machst du denn hier, Kind?«

Elsbeth antwortete nicht gleich. Mr Doogan setzte das Gepäck ab und nahm seinen Hut vom Kopf. »Ist Mr Bonner nicht hier?«

»Mr Bonner?« Fräulein Gulbrandsen schaute wieder zu Elsbeth hinüber. »Sollte dein Vater denn hier sein?«

Elsbeth zuckte mit den Schultern. »Ich dachte« war alles, was sie hervorbrachte. »Ist Großmama zu Hause?«

Fräulein Gulbrandsen tat ihr Bestes, um verärgert auszusehen. »Selbstverständlich!« Sie tat einen Schritt zur Seite. »Hier.« Sie reichte Elsbeth ein Teetablett, das sie auf dem Tischchen in der Eingangshalle abgestellt hatte. »Sie ist im Wohnzimmer.«

Elsbeth ging gleich hinein, das Tablett in den Händen und den Vogel in der Tasche. Mr Doogan machte sich daran, das Gepäck nach oben zu tragen, und Fräulein Gulbrandsen, die noch immer den Kopf schüttelte, folgte ihm.

Großmutter saß in einem Schaukelstuhl am Kamin und hatte die Augen geschlossen. Elsbeth betrat das Zimmer, so leise sie konnte, und goss dampfend heißen Tee in die Tasse.

Das Aroma des Tees schien die alte Dame zu beleben, doch sie hielt die Augen nach wie vor geschlossen. »Elsbeth?«

»Ja.«

»Das ging aber schnell.« Sie streckte die Hand aus. Elsbeth nahm sie und setzte sich neben die Großmutter auf den Boden.

»Das hört sich ja so an, als ob du mich erwartet hättest.«

Großmutter lächelte mit geschlossenen Augen. »Ich vermute fast, Tibel hat mir so etwas ins Ohr geflüstert.«

»Hat er viel Unfug gemacht?«

»Oh, es ist schrecklich mit ihm.« Bekümmert schüttelte sie den Kopf. »Mal lässt er Türen offen stehen, mal Fenster. Fräulein Gulbrandsen glaubt, dass er irgendetwas vorhat draußen im Wald.« Sie öffnete die Augen, um Elsbeth zuzuzwinkern.

»Ich habe dich so vermisst, Großmama. Jeden Tag habe ich an dich gedacht.«

»Und ich an dich, mein Kind.« Die Großmutter drückte ihr die Hand. Dann bemerkte sie den Vogel. »Wie ich sehe, hast du jemanden mitgebracht.«

»Mit zurückgebracht!« Elsbeth hielt ihn hoch. »Er kommt hier aus dem Wald. Er war verletzt, aber jetzt geht es ihm wieder besser, siehst du?«

»Er sieht aus, als wäre er einsam gewesen.«

»Ja.«

In diesem Moment hörten sie draußen jemanden pfeifen. Jemand rief etwas zum Wald hinüber. Elsbeth richtete sich auf. »Ist das Onkel Per?«

»Mhm.«

»Er ist hier?«

»Heute Morgen ist er gekommen. Ich glaube, er ist dabei, das Getreide rauszulegen.«

»Darf ich zusehen?«

»Wenn du deinen Mantel zuknöpfst.«

»Danke, Großmama.« Elsbeth umarmte die alte Dame und küsste sie auf beide Wangen. »Ich bin so glücklich.«

»Ich auch, mein Kind.«

Elsbeth nahm ihren Vogel und lief zur Treppe.

Piorello hatte den Ruf auch gehört. Es war ein seltsamer Ton, der von irgendwo hoch über ihm kam. Aber an diesem Ort fand er sich gar nicht zurecht – so viele Türen und Gänge, erst bog man hier ab, dann ging es dort um die Ecke. Das Mädchen trug ihn erst zwei Treppen hoch und dann eine dritte, engere. Sie betraten einen lang gestreckten, dunklen Raum mit schrägen Wänden und einem geöffneten Fenster am anderen Ende.

Der Ruf ertönte von neuem, unmittelbar vor dem Fenster. Das Mädchen rannte hinüber und streckte den Kopf nach draußen.

Piorello schaute aus der Manteltasche heraus und sah einen jungen Mann mit strohblondem Haar auf dem Dach stehen. Um ihn herum war der Schnee von den Dachpfannen geräumt, und von dem hohen gemauerten Schornstein hing ein großes Getreidebündel hinunter.

Der Mann stieß einen fröhlichen Schrei aus, als er das Mädchen sah, und streckte einen Arm aus, um ihr hinauszuhelfen. In diesem Moment kamen die ersten Vögel, eine Amselfamilie, von den Birken herübergeflogen, und auch zwei Eichhörnchen kletterten über die Dachrinne.

Vielleicht kommt ja auch Bette, dachte Piorello, oder Pavel oder Rhone. Er hüpfte aus der Tasche und sah sich hoffnungsvoll um. Da, da kamen tatsächlich die ersten Spatzen angeflogen und landeten auf dem Dach.

»Emil!«, rief er dem ersten entgegen. Es war Bettes Vetter.

»Piorello?« Emil hüpfte näher, als er Piorello erkannte. »Bist du es wirklich?«

»Wo ist Bette?«

»Bette?« Emil schien verwirrt. »Wir dachten, sie wäre bei dir.«

»Ist sie nicht im Wald?«

»Nein«, sagte Emil.

»Piorello?« Piorellos Kusine Greta landete neben Emil; man sah gleich, dass die beiden ein Paar waren. Hinter ihnen landeten ihre Jungen, drei kleine Spatzen. »Piorello, was machst du hier? Wo ist Bette?«

»Ich weiß es nicht«, sagte er. Er sah Emil an in der Hoffnung auf eine Erklärung.

Emil tat sein Bestes. »Sie hat wirklich auf dich gewartet. Sie hat gerufen und gerufen, und wir alle haben nach dir gesucht, aber eines Morgens hat sie plötzlich aufgehört damit. Wir sind zur Weide geflogen, um nachzusehen, was los war, aber sie war weg.«

»Mit Pavel und Rhone?«

Emil nickte. »Das ist lange her, Piorello. Damals war noch Laub an den Bäumen.«

Piorello war entsetzt. Er wusste nicht, was er sagen sollte.

»Mutter? Vater?« Die jungen Spatzen riefen vom Getreide herüber. »Kommt ihr nicht?«

Emil sah Greta unsicher an. »Wir sollten vielleicht den anderen Bescheid sagen, dass es Futter gibt.«

»Magst du mitkommen?« Greta wandte sich an Piorello. »Die anderen würden sich bestimmt freuen, dich wieder zu sehen.«

Piorello war sprachlos. Drüben beim Schornstein stand das Mädchen und lachte. Arm in Arm standen sie und der Mann da und ließen einen jungen Spatz Körner von ihren Händen picken.

»Piorello?« Greta wartete noch auf eine Antwort.

Aber er wollte die anderen jetzt nicht sehen, so nicht. »Ich warte lieber noch.«

»Ist in Ordnung.« Emil hüpfte ein Stück zurück. »Aber wir werden ihnen erzählen, dass wir dich gesehen haben. Und übrigens, Piorello – willkommen zu Hause!«

»Ja«, sagte auch Greta, »willkommen zu Hause.«

Beide schauten ihn noch einen Augenblick lang an, unsicher, was sie sonst noch tun oder sagen könnten. Dann flogen sie davon, nebeneinander, um die anderen im Wald herbeizurufen.

Das Mädchen und der Mann gingen nun wieder zum Fenster hinüber. Es war kalt und ihre Mäntel waren leicht. Sie kletterten ins Haus, und auch Piorello folgte ihnen. Das Mädchen schloss das Fenster. Piorello ging aber nicht mit ihnen nach unten. Er blieb dort sitzen, im Dunkeln versteckt, und sah zu, wie die Vögel alle herbeikamen, um zu picken. Er hatte gehofft, dass Emil sich geirrt hatte. Vielleicht wohnte Bette jetzt nur auf der anderen Seite des Hauses, vielleicht würde sie doch noch kommen.

Aber sehr weit reichte das Getreide nicht. Alle Vögel, die den Winter über hier blieben, waren gekommen, um sich ihren Anteil zu holen, Stielchen für Stielchen, Ähre für Ähre. Bald war es dunkel und die Garbe war kahl. Alle Vogelfamilien waren gekommen und wieder davongeflogen, und weder Bette noch Rhone noch Pavel waren aufgetaucht. Piorello hatte den weiten Weg hierher zurück geschafft, und jetzt waren sie nicht da.

21

Das erste Stück Weg über den gefrorenen See ging gar nicht so schlecht. Cäsars Stimmung hatte sich zwar nicht gebessert – er blieb weiter stumm und starrte nach vorn auf ein Ziel, das noch keiner von ihnen ausmachen konnte –, aber sein Schritt war fest und schnell. Harschiger Schnee auf dem glatten Eis machte, dass seine Hufe nicht ausrutschten, und solange die Sonne schien, hüpften Pavel und Rhone neben Cäsar her oder flogen ein Stück voraus und warteten dann darauf, dass er sie einholte.

Aber Bette war besorgt. Sie fühlte sich überhaupt nicht wohl hier draußen, so weit weg von den Wäldern. Von hier aus sahen sie aus wie eine niedrige Hecke in der Ferne, eine dunkle Linie, die das eisige Grau unter ihnen von dem eisigen Grau über ihnen trennte.

Als es Abend wurde und das Grau sich immer mehr in ein eisiges Blau verwandelte, bestätigten sich Bettes Befürchtungen. Da die Sonne untergegangen war und der Wind von Bäumen ungehindert wehen konnte, setzte eine schreckliche Kälte ein. Bette musste Pavel und Rhone zurück ins Nest rufen. »Und du, Cäsar, versprich mir, dass du wieder zu den Wäldern zurückgehst, wenn es viel kälter wird.«

Cäsar sagte nichts.

»Cäsar? Versprich es mir!«

Er antwortete nicht. Er blieb bei seiner Geschwindigkeit und hielt weiter auf sein Ziel zu, das gerade vor ihnen lag. Also kletterte auch Bette schließlich ins Nest.

Die Nacht war lang und eisig. Die samtene Hülle, die sie um das Nest gewickelt hatten, schirmte die Spatzen aber gut gegen die Kälte ab, und so, wie sie sich alle drei auf ihrem Vorratslager zusammenkuschelten, fanden die Jungen sogar ein bisschen Schlaf.

Bette hatte weniger Glück. Sie hörte den Wind heulen, spürte, wie er auf Cäsar einpeitschte, und merkte, wie die Schritte des Rentiers unsicher wurden, wie es sich bei jedem Schritt gegen den Wind stemmte. Nicht einen Augenblick lang ließ er von seinem Vorhaben ab, doch je mehr er zu kämpfen hatte in der bitteren Kälte, umso aufgeregter wurde Bette. Wenn sie sich nun geirrt hatte? Wenn Piorello gar nicht dort war? Sie hatte doch nur einen Traum gehabt.

Endlich zeigte sich die Sonne wieder. Ein schwaches Licht fiel seitlich in ihr Nest und Rhone wachte zitternd auf.

»Sind wir bald da?«, fragte sie.

»Ich weiß nicht«, sagte Bette. »Ich glaube nicht.«

Pavel rührte sich. »Drei Tage, hat Cäsar gesagt.«

»Können wir denn nicht zurück in den Wald?«, fragte Rhone. »Hier ist es so kalt.«

Bette stimmte ihr zu. Sie reckte den Kopf in den pfeifenden Wind.

Um sie herum war alles grauweiß verhangen, nirgends waren Bäume zu sehen, vor ihnen nicht und auch nicht mehr an den Seiten. »Cäsar?« Sie schaute zu ihm hinunter und der Atem stockte ihr. Er konnte kaum noch aus den Augen schauen, lange Eiszapfen hingen ihm von der Schnauze hinunter und sein Fell war schneeweiß.

»O bitte, Cäsar«, flehte sie, »sag, dass du umkehrst.«

Keine Antwort. Nur sein Atem kam wie weißer Nebel aus seinen Nüstern.

»Es ist wirklich nicht so eilig. Wir können gut außen herumgehen.«

Cäsar sagte nichts. Er schüttelte nur kaum merklich den Kopf und wies dann nach vorn. Dort lag der Weg.

Eine Windbö schnappte nach ihr und Bette wurde zurück ins Nest geworfen.

»Kehren wir um?«, fragte Rhone.

Bette schüttelte den Kopf. »Nein, er will hinüber.«

Und so blieben sie, wo sie waren, zwei eisige Tage lang eingesperrt in ihrem Nest, während Cäsar sich unter ihnen vorwärts kämpfte.

22

Piorello wusste nicht recht, was er tun sollte. Die erste Nacht nach der Rückkehr verbrachte er im Haus. Das Mädchen baute ihm einen Schlafplatz, geradeso, wie sie es auf der anderen Seite des Meeres auch getan hatte, mit derselben weichen roten Decke, aber trotzdem konnte er nicht einschlafen. Dafür hatte er doch nicht den ganzen weiten Weg zurückgelegt, nur um hier zu sitzen. Eigentlich müsste er doch im Wald sein, nach Bette suchen. Aber wo? Wo konnte sie sein? Er musste immer an das denken, was Emil gesagt hatte – dass sie einen Tag lang vom Nest aus immer nach ihm gerufen hatte und dann am nächsten Tag plötzlich verschwunden war.

Es war eine lange Nacht, aber kaum dass die Sonne sich wieder zeigte, drängte Piorello das Mädchen, ihn hinauszulassen. Er flog geradewegs zum Wald auf der Seeseite, um so viel wie möglich in Erfahrung zu bringen. Er flog von Baum zu Baum und befragte alle Spatzen, die er finden konnte, ob irgendeiner vielleicht mehr wusste. Bestimmt hatte er die ganze Schar aufgeweckt, aber sie konnten ihm auch nicht mehr helfen als Emil. Bette war nicht mehr da, sagten sie. Die Küken hatte sie mitgenommen. Wohin, das wusste keiner.

Piorello fragte sich, ob er einfach losfliegen sollte, den Wald verlassen und allein nach ihr suchen. Er würde es ja gern, die Frage war nur, wo. Es konnte ihm ja nicht einmal jemand sagen, in welche Richtung sie aufgebrochen war, und außerdem wurde es schon langsam wieder dunkel. Die Tage waren viel zu kurz um diese Jahreszeit. Widerstrebend kehrte Piorello zum Haus zurück.

Das Mädchen erwartete ihn bereits mit einer Schale voller Körner und einem Napf mit frischem Wasser. Während Piorello so entmutigt war, schien das Mädchen jetzt sehr viel glücklicher. Sie und der Mann vom Dach machten Musik zusammen in dem Raum mit dem Feuer, und als sich dann später alle in ihre Schlafzimmer zurückgezogen hatten, hörte Piorello ihre Stimme. Die Geheimnisse, die sie flüsterte, als sie vor dem Bett kniete, hörten sich nicht mehr so verzweifelt und sehnsuchtsvoll an. Sie klangen dankbar. Wenigstens sie schien gefunden zu haben, wonach sie gesucht hatte.

Doch auf Piorello schien eine weitere schlaflose Nacht zu warten. Lange nachdem das Licht gelöscht worden war und das Mädchen schon fest schlief, saß er noch in seinem Nest und dachte an den nächsten Tag, an das, was er tun würde. Als Erstes würde er zur Weide fliegen, um dort noch einmal nachzusehen, und dann sollte er vielleicht am besten den Wald auf der anderen Seite der Straße abfliegen. Dort gab es eine hohle Fichte, die er vermutlich bis zum Sonnenuntergang erreichen könnte. Wie er dort allerdings an Futter gelangen sollte, das wusste er auch nicht.

Genau in diesem Moment, als er gerade dabei war, seinen Plan für morgen zu entwerfen und sich an alle Orte zu erinnern versuchte, an denen er vielleicht Samenkörner oder einen Unterschlupf finden könnte, hörte Piorello ein leises Klicken im Raum. Er schaute zur Tür hinüber. Seltsam: Der Riegel hob sich langsam vom Haken und die Tür schwang sacht auf.

Piorello kletterte aus dem Nest und hüpfte hinüber. Niemand war zu sehen, aber draußen war die Treppe, die nach unten führte. Piorello hüpfte eine Stufe nach der anderen hinab, die ganze Treppe, bis er an eine zweite kam. An deren Ende stieß er auf die Schwelle eines Raumes, in dem er noch nicht gewesen war.

Hier war es viel kälter als in den anderen Zimmern und auch viel dunkler. Das einzige Licht, das es hier gab, war ein bläulicher, matter Schimmer vor drei Fenstern, die nebeneinander auf den See hinausgingen. Aber dort drüben in der Ecke gab es noch ein weiteres Fenster, und das war auch der Grund für die Kälte in diesem Raum. Es war schmaler als die anderen und ging hinaus auf den Birkenwald. Es war einen Spalt weit geöffnet und die kalte Nachtluft zog herein.

Ob er einfach jetzt schon hinausfliegen sollte? Mitten in der Nacht? Er hüpfte über den Teppich und flatterte aufs Fensterbrett hinauf. Am Himmel stand leuchtend der Vollmond. Ja, er sollte es tun. Er könnte gleich jetzt zur Weide fliegen und von dort aus weiter. Es gab keinen Grund, noch zu warten. Je eher er aufbrach, umso eher könnte er sie finden.

So duckte er sich einfach unter dem Schiebefenster hindurch und flog davon, an der Buche vorbei mitten zwischen die Birken. Da die Erde schneebedeckt war, war der Weg nur als eine schwache Linie zu erkennen, die den Wald in zwei Hälften teilte, doch Piorello wusste den Weg. Er flog in den schlafenden Wald hinein, über das Gittermuster blauer Schatten. Am Wacholderbusch bog er ab und flog weiter in Richtung See, bis er bei der Weide anlangte. Weit lehnte sie sich übers Wasser, die unteren Zweige steckten festgefroren im Eis.

Piorello landete auf dem Rand des kleinen Wasserbeckens und schaute nach oben. Er war sich nicht sicher, weswegen er hergekommen war und was er eigentlich zu finden gehofft hatte, aber trotzdem war er erschrocken über das, was er sah: Auf einem langen Ast, der sich über ihm gabelte, saß eine schneeweiße Eule und schaute auf ihn herunter.

»Entschuldigung«, sagte Piorello. »Ich wollte nicht stören.«

Die Eule wiegte langsam den Kopf. »Du störst nicht.«

Aber sie hockte genau auf dem Ast, an genau derselben Stelle, wo das Nest gewesen war.

»Kann ich dir irgendwie helfen?«

»Nein.« Der strenge Blick der Eule schüchterte Piorello ein. »Nein, ich suche nur jemanden.«

»Wen denn?«

»Drei Spatzen, solche wie ich.«

Die Eule legte den Kopf auf eine Seite. »Du heißt nicht zufällig Piorello, oder?«

»Doch, woher weißt du das?«

Die Eule nickte bedächtig. »Bette, die Mutter, hat nach dir gerufen.«

»Du hast Bette gesehen?«

»Ja, und auch die Küken. Sehr niedlich.«

»Wo?«

»Nun –« Die Eule warf einen Blick auf den Ast zwischen ihren Klauen. »Hier. Aber das ist schon eine Weile her.«

»Weißt du, wo sie hin sind?«

Die Eule schüttelte den Kopf. »Ich vermute mal, dass sie dich suchen wollte. Das hat sie jedenfalls gesagt.«

Piorello schwieg. Natürlich, das hatte er auch vermutet, aber der Wald war so groß, so still und so tief. Er spähte zwischen den Bäumen hindurch. »Ich wünschte nur, ich wüsste, wo ich anfangen sollte.«

Die Eule tat überrascht. »Nach ihr zu suchen, meinst du?«

Piorello nickte.

»Probieren kannst du es ja wenigstens, das denke ich auch«, sagte die Eule zögernd. »Aber andererseits können sie überall sein, meinst du nicht auch?«

»Ja«, sagte Piorello. Auf einmal schienen ihm die Birken kein Ende zu nehmen. »Aber ich kann auch nicht einfach hier sitzen und warten.«

»Lass uns mal in Ruhe darüber nachdenken.« Die Eule schien das Problem zu ihrem eigenen gemacht zu haben. »Also, nach meiner Erfahrung ist es jedenfalls so, dass, wenn zwei Vögel versuchen einander zu finden – oder auch zwei Kaninchen, zwei Mäuse oder irgendwelche Tiere –, dann ist es immer das Beste, wenn einer von ihnen bleibt, wo er ist, stimmt's? Sonst läuft man Gefahr, dass der eine in die eine Richtung verschwindet, während der andere gerade zurückkommt, und das wäre doch dumm, nicht wahr?«

Piorello nickte. Ja, das wäre wirklich dumm.

»Also müsste die erste Frage, die du dir stellst, bevor du aufs Geratewohl irgendwo hinfliegst, doch die sein, ob sie wohl überhaupt noch nach dir sucht.«

Piorello dachte nach. »Hoffentlich nicht. Hoffentlich hat sie inzwischen irgendeinen geschützten Ort gefunden.«

»Hoffen sollte man das«, gab die Eule ihm Recht. »Aber was *glaubst* du?«

Piorello schüttelte den Kopf. Er hatte nicht darüber nachgedacht, aber jetzt fiel ihm ein, dass er Bette gehört hatte, in seinen Träumen, wie sie nach ihm rief. »Also, es könnte schon sein.«

»Natürlich kann es sein«, stimmte die Eule ihm zu. »Also ist die nächste Frage – für den Fall, dass sie immer noch auf der Suche ist –, wo du so lange bleiben kannst, um auf sie zu warten. Stimmt's?«

»Vermutlich.« Piorello war noch nicht ganz überzeugt, aber die Eule sah so erwartungsvoll zu ihm hinunter.

»Also? Irgendwelche Vorschläge?«

»Ähm – nein«, stotterte Piorello. »Ich weiß nicht, ich meine, ich habe noch nicht darüber nachgedacht.«

»Na, dann solltest du es vielleicht tun«, sagte die Eule. »Lass uns beide mal zusammen nachdenken. Also: Wo könnte Piorello auf Bette warten, so heißt unsere Frage. Einverstanden?«

Piorello gab keine Antwort. Er dachte erst, die Eule wollte sich über ihn lustig machen, aber sie ließ nicht locker. Sie schloss die Augen und zog den Kopf zwischen die Flügel. Dann schnalzte sie ein paarmal mit der Zunge und murmelte vor sich hin: »Wo, wo, wo?«

Piorello kam das Ganze ziemlich unsinnig vor. Er war schon fast entschlossen, sich davonzumachen, so dass er einfach nicht mehr da sein würde, wenn die Eule die Augen wieder öffnete. Doch genau in diesem Moment zog der Mond über sie hinweg. Es war Vollmond und das Licht schien zwischen den Weidenzweigen hindurch direkt auf die Brust der Eule. Piorello konnte gar nicht anders, er musste hinschauen. Es war ein so vollkommenes, leuchtendes Weiß, das sogar seinerseits wieder zurückzustrahlen schien, wie ein Strahl, der vom Gesicht des Mondes ausging, sich auf der Brust des Vogels brach und sich von dort nach unten fortsetzte bis zum Fuß des Baumes. Piorello folgte dem Licht mit den Augen, und so sah er etwas, was er zuvor nicht bemerkt hatte.

Gleich neben dem Wasserbecken ragte ein kleiner Ast aus dem Schnee, und um diesen Ast hatte sich eine Ranke gewunden, an deren Spitze eine weiße Blüte saß, jetzt, mitten in einer Winternacht. Es war die gleiche Blüte wie die hinter dem Fenster, oder wie die im Haar des Mädchens.

Ohne es zu wollen, stieß Piorello einen Laut ehrfürchtigen Staunens aus.

»Was ist?« Die Eule erwachte aus ihrer Versunkenheit und blickte nach unten. »Oh.« Sie schien nicht überrascht, nur erfreut. »Sieh mal einer an.«

»Ist sie schon lange hier?«, fragte Piorello.

»Ich glaube, mir ist schon früher mal aufgefallen, wie die Ranke sich um den Ast gewunden hat, aber dass sie blüht, falls du das meinst, das ist das erste Mal.« Sie sah Piorello an mit der stolzen Miene eines Gärtners. »Nun, ist dir irgendwas eingefallen?«

»Also, ich glaube, ich bleibe einfach hier.«

»Meinst du?«

Piorello schaute wieder auf die geöffnete Blüte. »Ja, wenn es geht.«

»Oh, das ist schon in Ordnung«, sagte die Eule und

blickte zum Mond auf, der gerade wieder hinter der Weide zum Vorschein kam. »Ich sollte jetzt ohnehin aufbrechen. Viel Glück, Piorello. Ich finde, du hast eine kluge Entscheidung getroffen.«

»Ja, danke, vielen Dank, –« Er suchte nach ihrem Namen.

»Tibel«, half ihm die Eule.

»Vielen Dank, Tibel.«

Die Eule spannte ihre weißen Flügel aus und hüpfte von ihrem Ast, flog geduckt zwischen den Zweigen hindurch und verschwand im Wald, in der Richtung, in der das Haus lag.

Piorello wunderte sich nicht. Er warf noch einen Blick auf die Blume, die zu ihm aufleuchtete, flatterte dann hinauf auf den gegabelten Ast und hüpfte hinüber in einen kleinen Winkel nahe dem Weidenstamm. Hier würde er sitzen bleiben und warten, so, wie Tibel es ihm geraten hatte.

23

Der vierte Tag draußen auf dem zugefrorenen See begann etwas hoffnungsvoller. Bette streckte den Kopf aus dem Nest und sah, dass der Himmel ganz zugezogen war. Es war milder geworden. »Guten Morgen, Cäsar!«

Das Rentier gab keine Antwort, blies nur schnaubend seinen Atem in die Luft und zog weiter.

»War alles in Ordnung mit dir heute Nacht?«

Aber außer einem Schnauben war auch dieses Mal nichts zu hören.

»Magst du vielleicht ein paar Samenkörner, Cäsar? Wir haben mehr als genug.«

Immer noch keine Antwort. So was von dickköpfig, dachte Bette.

Doch dann wurde ihr Blick von etwas angezogen, das vor ihnen lag. Irgendetwas steckte da im Eis. »Cäsar, schau doch!« Es war nicht sehr groß, etwa wie ein Fels, der aus dem Wasser ragt, aber doch anders als ein Fels. Eher wie eine riesige Muschel. »Was glaubst du, was das sein kann?«

Cäsar gab keine Antwort. Er wandte nicht einmal den Kopf. Er zog einfach geradeaus weiter auf seiner Route, selbst dann noch, als dieses seltsam geformte Ding zu ihrer Linken aus dem See ragte.

Aber Bette erkannte jetzt, was es war: Es war ein umgekipptes Boot, das im Eis festgefroren war. Nur eine Spitze ragte heraus aus dem Schnee, der auf dem Eis lag, doch Bette erkannte es. Im Sommer hatte sie solche Boote gesehen. Die Menschen saßen gern darin und ließen sich aufs Wasser hinaustreiben, auch der Junge aus dem großen Haus. Allein der Gedanke daran und der Anblick des Bootes ließen ihr Herz höher schlagen.

Doch Cäsar schnaubte und prustete einfach weiter und ließ das kleine Boot links liegen.

Bette hüpfte hinunter auf die unterste Geweihspitze. »Cäsar, es könnte doch etwas zu essen darin sein. Willst du nicht einmal stehen bleiben?« Sie hüpfte noch ein Stück vor. »Bleib stehen!«

Endlich tat er es.

Bette flatterte hinunter auf den Schnee vor seinen Füßen. Sie war jetzt wirklich ärgerlich. Gerade wollte sie mit ihm schimpfen, weil er so stur war, als ihr der Atem stockte. Seine Augen! Das rechte war geschlossen, wie es fast die ganze Zeit über gewesen war, seit sie auf den See gekommen waren, doch das linke klaffte weit offen. Es war erfroren.

»Cäsar, kannst du mich sehen?«

Er gab keine Antwort.

Sie hüpfte wieder auf sein Geweih und sprach ihm direkt ins Ohr. »Hörst du mich?«

Er nickte schwach.

»Mutter?« Die Jungen begannen sich in ihrem Nest zu rühren. »Mutter?« Es war Rhones Stimme. »Dürfen wir rauskommen?«

Bette zögerte. Wieder sah sie auf Cäsars Auge. Es sah furchtbar aus. »Cäsar, du hättest es mir sagen müssen!«

Sie bemühte sich leise zu sprechen, aber Pavel reckte nun doch den Kopf aus dem Nest. »Warum bleiben wir stehen? Sind wir da?«

»Noch nicht«, sagte Bette.

Rhone kam aus dem Nest. »Ist alles in Ordnung mit Cäsar?«

»Cäsar geht es gut«, sagte Pavel.

Trotzdem schauten beide nach unten. Cäsar zitterte am ganzen Körper, nicht nur vor Kälte, sondern auch vor Erschöpfung.

»Stimmt das, Mutter?« Rhone klang ängstlich.

Bette wusste nicht, was sie sagen sollte. Auf einmal hörte sie etwas von weitem, ein fernes Läuten.

Rhone legte den Kopf auf die Seite. »Was ist das für ein Geräusch?«

»Glocken.« Bette schaute nach unten. »Cäsar, hörst du das?«

Er wandte das Ohr zur Seite.

»Wir sind fast da.«

Pavel und Rhone sahen einander aufgeregt an, und während der Klang der Glocken weiter zu ihnen herübertönte, machte Cäsar sich wieder auf den Weg, langsam zunächst, doch dann immer rascher, immer auf denselben Punkt zu, der gerade vor ihnen lag und auf den er drei Tage lang zugestrebt war, dorthin, wo Bette jetzt, da die Sonne gerade die Morgennebel vertrieb, Bäume erkennen konnte. Birken.

24

Am nächsten Morgen wurde Piorello von einem eigenartigen Geräusch geweckt. Es klang, als würde auf irgendetwas eingeschlagen. Er hüpfte aus seinem kleinen Schlupfwinkel in der Weide heraus und schaute sich um. In der Nacht hatte es geschneit. Der Wald war von einer frischen weißen Schicht bedeckt. Von Bette war nichts zu sehen.

Piorello schaute unten beim Wasserbecken nach. Der Ast war noch da, doch die Blüte war fort. Vielleicht war sie unter dem Schnee verborgen, vielleicht war sie auch nicht mehr da, Piorello wusste es nicht. Er fragte sich, ob es sie in Wirklichkeit überhaupt gegeben hatte. Selbst die Eule erschien ihm jetzt, im blassen Licht des Tages, wie ein ferner Traum.

Aber da waren die Schläge wieder, das Geräusch kam aus der Nähe des Hauses. Er flog hin, um nachzusehen.

Am Waldrand sah er das Körnermädchen und den Mann vom Dach. Der Mann hackte mit einer langen, schweren Axt in den Fuß einer der kleinen Kiefern. Noch zwei Schläge und der Baum fiel krachend in den Schnee. Als der Mann sich den Baum auf eine Schulter lud, wandte das Mädchen sich um und entdeckte Piorello. Sie rief ihn, streckte die Hand aus. Der Mann war schon wieder auf dem Weg zurück ins Haus, und sie lud ihn ein mitzukommen.

Durchgefroren und hungrig, wie er war, nahm er an. Er war sich nicht sicher, ob er seine Suche heute beginnen sollte oder ob er erst einmal bei der Weide bleiben und Wache halten sollte, aber wie auch immer er sich entscheiden würde, schien es ihm eine gute Idee, sich erst einmal beim Feuer aufzuwärmen und vielleicht ein paar Körner zu sich zu nehmen, bevor er zur Weide zurückkehrte.

Das Mädchen sorgte gut für ihn, wie sie es immer tat. Sie brachte ihn in das goldene Zimmer und stellte seine Näpfe auf den langen, warmen Sims über dem Kaminfeuer, bevor sie wieder zu dem Mann hinüberging, um ihm mit dem Baum zu helfen. Sie versuchten gerade, ihn wieder aufzurichten. Der Kutscher kam herein, um mit anzufassen. Zusammen rückten sie die Möbel beiseite und breiteten eine rote Decke auf dem Boden aus. Sogar die beiden älteren Damen kamen und schauten eine Weile zu. Sie hatten etwas zu essen mitgebracht und warme Getränke, aber sobald der Baum gerade stand, wurde es wieder ganz still im Raum. Alle gingen hinaus, außer dem Mädchen und Piorello.

Eigentlich sollte er jetzt aufbrechen, solange die Sonne noch so hoch stand. Aber das Feuer knisterte unter ihm und das Mädchen kuschelte sich in einen Sessel, um ein Nickerchen zu halten. So gönnte er sich noch einen Moment. Er nahm die letzten Körner aus seinem Napf mit hinüber zum Fenster und schaute hinaus. Er versuchte sich zu entscheiden, welche Richtung er einschlagen sollte, wenn er seine Suche tatsächlich beginnen würde – ob er auf die rechte oder die linke Seeseite fliegen sollte –, doch seine Augen kehrten immer wieder zu einem seltsamen Fleck in der Mitte zurück.

Zumindest sah es zunächst wie ein Fleck aus, aber es bewegte sich. Piorello spähte angestrengt durch das schwindende Licht. Es war irgendein Tier, ein Ren, das dort angetrottet kam. Was für ein trauriger Anblick, dachte Piorello und fröstelte unwillkürlich – ein Rentier, das über den zugefrorenen See daherkommt, immer auf den Wald zu.

Piorello beobachtete das Tier die ganze Zeit, bis es hinter einer Gruppe Birken verschwand, dann drehte er sich wieder um und blickte ins Zimmer. Es war Zeit, er sollte aufbrechen. Er wollte schon nach dem Mädchen rufen, damit es ihn hinausließ, aber gerade, als er den Schnabel öffnen wollte, kam ein Junge ins Zimmer. Es war der Junge vom letzten Sommer, der mit dem Boot, und er war beladen mit Päckchen.

»Miles?« Elsbeth traute ihren Augen kaum. Neben dem Baum stand ihr Bruder und zu seinen Füßen lag ein Berg Geschenke.

»Miles, was machst du denn hier?!«

»Ich bin auf der Suche nach dem kleinen Fräulein Eigensinn.«

»Ist Vater auch da?«

»Ja, oben.«

»Ist er böse auf mich?«

»Er war es.« Miles ließ diesen Satz erst einmal wirken, bevor er weitersprach. »Nein, nicht wirklich.« Er sah sich suchend um. »Ist hier irgendwo ein Fenster offen?« Dann sah er den Vogel. »Was macht der denn hier?«

»Er ist mein Freund. Er war mit mir in der Schule.«

»Wie meinst du denn das?«

»Erkennst du ihn denn nicht mehr?«

»Woher sollte ich ihn kennen?«

»Vom Sommer. Das Fenster in Tibels Zimmer.«

Miles schaute den Vogel näher an und lachte verächtlich. »Das ist er nicht.«

In diesem Moment, gerade als das Mädchen den Jungen am Arm mit sich ziehen wollte, hörte Piorello etwas. Es kam von draußen. Da rief jemand. Er hüpfte aufs Fensterbrett. Da war es wieder. Jemand rief seinen Namen, draußen im Wald.

Das Mädchen streckte ihm die Hand entgegen, aber Piorello schoss davon. Er flog direkt in das kalte, blaue

Zimmer, und jetzt hörte er es zum dritten Mal. Es war Bettes Stimme, und sie kam von drüben, bei den Bäumen.

»Piorello!«

»Bette!« Das Fenster war einen Spaltbreit offen. Er duckte sich unter dem Rahmen hindurch und flog hinaus. »Bette!«

»Piorello!«

Sie saß auf dem Vogelhäuschen an der Buche, und als sie ihn kommen sah, sprang sie auf. »Piorello!«, rief sie, »Piorello!«

Er jagte hinter ihr her, um die ausladenden Äste des Baumes herum. »Bette!«, rief er, und »Piorello!«, antwortete sie. Ihm zersprang fast das Herz vom Klang ihrer Stimme. Dreimal jagten sie einander um die Buche, immer rundherum, bevor sie endlich auf dem Ast oberhalb des Vogelhäuschens landeten.

Piorello schaute Bette an. Sie kam ihm kleiner vor. Ihr Gefieder war matt und zerzaust, und trotzdem hatte Piorello nie einen so schönen Spatz gesehen. »Wo hast du denn nur gesteckt?«

»Ach, Piorello, so weit von hier. Wir waren ganz auf der anderen Seite vom See, um nach dir zu suchen.«

»Und Pavel und Rhone? Sind sie auch hier?«

Im selben Moment kamen zwei junge Spatzen eilig über den Weg gelaufen. Als sie sahen, dass ein anderer Vogel neben ihrer Mutter hockte, blieben sie stehen.

»Da sind sie.« Bette tat ihr Bestes, um ruhig zu bleiben. »Pavel, Rhone, kommt und sagt eurem Vater guten Tag.«

Sie standen still im Schnee, überwältigt und verlegen.

»Rhone?«

Sie hüpfte ein Stückchen vor.

»Komm herauf«, rief Bette, und der kleine Spatz flog hinauf und landete auf dem Dach des Futterhäuschens.

»Hallo, Vater.«

»Hallo, Rhone.«

Bette wandte den Kopf. »Und du, Pavel?«

Der junge Spatz hüpfte neben seine Schwester und neigte den Kopf. »Vater.«

»Pavel.«

Die beiden kleinen Spatzen hielten die Köpfe gesenkt. »Lasst euch einmal anschauen!« Piorello flog zu ihnen hinunter. »Wie ich sehe, könnt ihr wunderbar fliegen.«

»Stimmt.« Pavel plusterte sich auf. »Schau nur!« Er hüpfte vom Dach und flog um den Baum herum.

»Ausgezeichnet.« Piorello wandte sich Rhone zu. »Und du hast eine wunderschöne Stimme.«

»Wir haben für dich gesungen«, sagte sie und nickte.

»Sing doch mal«, sagte Pavel. »Mach's ihm vor.«

Rhone baute sich vor ihm auf und rief seinen Namen: »Piorello ... Piorello ...«

Piorello lauschte. »Ich habe euch gehört«, sagte er nickend, »wirklich.«

»Aber wo bist du gewesen, Vater?«

»Ja, Vater, wo warst du?«

»Du bist doch wohl nicht die ganze Zeit über hier gewesen?« Fast furchtsam sah Bette ihn an.

»O nein, wirklich nicht. Ich war so weit von hier, an einem so fernen Ort, dass ich kaum glauben kann, dass das alles wirklich passiert sein soll.« Wieder sah er erstaunt zu den zwei jungen Spatzen hinunter.

»Wir müssen es Cäsar sagen!«, rief Pavel.

»Ja, Cäsar!«, kam es wie ein Echo von Rhone.

»Cäsar?« Piorello wandte sich zu Bette um. »Wer ist Cäsar?«

Bette zögerte, dann drehte sie sich um und schaute zum Wald hinüber, von wo in diesem Moment ein müdes Rentier den Weg heraufkam – das Rentier vom See.

»Das ist Cäsar«, sagte Bette.

Das Ren blieb stehen. Piorello sah ein Nest in seinem Geweih.

»Cäsar«, sagte Bette mit sanfter Stimme, »das hier ist Piorello.«

Das Ren legte den Kopf schief, um den Vogel anschauen zu können.

»Kannst du es glauben, Cäsar?« Pavel flog aufs Geweih hinunter. »Wir haben Vater gefunden!«

Das Ren nickte schwach. Einen Moment lang blickten er und Piorello einander an mit einer Mischung aus Staunen und Misstrauen.

»Ich habe mich auch mit jemandem angefreundet«, sagte Piorello schließlich. »Mit einem Mädchen.« Er wandte sich an Pavel und Rhone. »Würdet ihr sie gern kennen lernen?«

»Dürfen wir, Mutter?«

»Bitte, Mutter, dürfen wir?«

»Es ist völlig ungefährlich«, sagte Piorello. »Sie ist drüben im Haus.« Er sah Cäsar an. »Magst du auch mitkommen?«

Cäsar schaute kurz zum Haus hinüber, bevor er den Kopf schüttelte.

Bette wurde nachdenklich. Cäsar sah erschöpft aus und völlig ausgemergelt, fast nicht wieder zu erkennen war er, und doch hatte er etwas Entschlossenes an sich, so als wäre sein Auftrag noch immer nicht beendet. Sie wandte sich an Piorello. »Flieg du nur mit den Kindern voraus. Ich komme gleich nach.«

Piorello nickte. »Sei aber vorsichtig, wenn du kommst. Du kannst nicht in einem durchfliegen bis dahin, wo das Licht ist. Du musst erst auf dem Fensterbrett landen und warten, bis wir dich holen.«

»Ist gut«, sagte Bette, und Piorello führte die Kinder über den Schnee.

Bette und Cäsar sahen den beiden nach, wie sie ihrem Vater folgten, erst den Hügel hinauf und dann um die Wegbiegung herum, hinüber zu den erleuchteten Fenstern, die auf den See hinausgingen. Sie hörten ihre Rufe, hörten, wie ein Fenster geöffnet und wieder geschlossen wurde.

Dann wandte Bette sich dem Freund zu. »Ich wollte dir danken, Cäsar, für alles, was du für uns getan hast. Ohne dich hätten wir niemals ... Ich weiß nicht, was wir ohne dich getan hätten.«

Cäsar schwieg. Sein Blick war noch immer auf das Haus gerichtet.

»Bist du sicher, dass du nicht mitkommen möchtest? Die Menschen dort sind sehr freundlich, ich habe sie mal gesehen.«

Cäsar schüttelte den Kopf. »Ich muss gehen.«

»Gehen?«

»Sobald ich etwas zu fressen gefunden habe.« Er ließ seinen Blick über den Wald gleiten.

Bette verstand nicht. »Willst du zu deiner Herde zurück?«

Wieder schüttelte Cäsar den Kopf. »Zu Gaino.«

Aber das gibt doch überhaupt keinen Sinn, dachte Bette. Gaino hatte ihn doch verstoßen, ihn geschlagen. »Glaubst du denn, dass er dich zurücknimmt?«

Cäsar nickte. Wieder schien er so fest überzeugt zu sein. Plötzlich begriff Bette: Deswegen war er so entschlossen gewesen, den See zu überqueren – er hatte die ganze Zeit gewusst, dass er zurückgehen würde. Er hatte nur gewollt, dass sie und ihre Jungen in Sicherheit waren, doch es war nie wirklich seine Absicht gewesen, Gaino zu verlassen.

Aber er war doch so erschöpft und so ausgemergelt!

»Versprich mir wenigstens, dass du außen herumgehst«, sagte Bette. »Du kannst nicht noch einmal quer über den See laufen.«

Cäsar schüttelte den Kopf. »Das geht schon. Wenn ich nur vorher genug zu essen finde.« Wieder schaute er zum

Wald hinüber. »Ich bin sicher, dass es hier irgendwo Moos geben muss.«

Bette sah ihn an und zitterte. »Ich weiß, wo es welches gibt.«

Sie führte ihn an eine Stelle hinter den Kiefern, an die sie sich noch vom Sommer her erinnern konnte. Cäsar steckte die Schnauze in den Schnee und nickte. Er konnte das Moos schon riechen. »Danke schön.« Er hob den Kopf und schaute Bette mit dem gesunden Auge an. »Kannst du Pavel und Rhone Auf Wiedersehen von mir sagen?«

»Aber Cäsar –« Das ging ihr doch zu schnell. »Ich weiß, dass sie sich gern von dir verabschieden würden. Ich könnte sie rufen.«

Cäsar schüttelte den Kopf. »Lass sie nur bei ihrem Vater.« Einen Moment lang war sie wie gebannt von seinem dunklen Auge. »Du solltest auch zu ihrem Vater gehen.« Er senkte den Kopf und begann mit den Hufen im Schnee zu scharren. Sanft schaukelte sein Geweih vor Bettes Augen.

Bette betrachtete ihn. Was für ein Glück Gaino doch hatte, dachte sie. »Auf Wiedersehen?«

Einen kurzen Moment lang hielt das Geweih still, mehr nicht. Gleich darauf schwankte es wieder sanft hin und her.

Bette drehte sich um und flog davon. Sie folgte dem Licht, das durch die Bäume fiel, flog den Hügel hinauf und um die Wegbiegung herum zur Veranda auf der Seeseite.

Wie Piorello es ihr gesagt hatte, landete Bette auf dem Fenstersims. Sie schaute nicht zurück. Stattdessen blickte sie ins Zimmer hinein – golden schien es ihr, fast leuchtend, mit einem Feuer in der Wand und einer Kiefer, die mitten im Raum stand. Die Familie, die im Haus wohnte, war um den Baum versammelt. Die meisten kannte Bette noch vom Sommer. Da war die alte Dame. Dort der kräftige Mann, der immer im Garten war, ein Freund von Bette. Auch die Kinder waren da, das Körnermädchen und sein Bruder. Sie saßen dicht beim Baum, an dessen Zweigen leuchtend rote Kugeln hingen und der mit Kerzen und silbernen Halbmonden besteckt war. Alle diese Menschen sahen so glücklich aus.

Bette mochte sie fast nicht unterbrechen. Sie wünschte, sie könnte draußen im Dunkeln bleiben, doch jetzt erhob sich die alte Dame, und auch die anderen standen auf und verließen langsam den Raum.

Bette rief. Das Mädchen hörte es und kam gleichzeitig mit Piorello am Fenster an. Das Mädchen schob das Fenster ein Stückchen hoch und Bette hüpfte unten durch.

Drinnen war es warm. Piorello begrüßte Bette fröhlich. »Das ist sie«, zwitscherte er und schaute zu dem Mädchen hoch. »Mit ihr war ich zusammen.«

Bette nickte. Sie erlaubte dem Mädchen sogar, sie in die Hand zu nehmen und ihr übers Gefieder zu streichen. Sie kannte diese Hand von früher. »Wo sind Pavel und Rhone?«, fragte sie dann.

Piorello zögerte einen Moment, bevor er antwortete.

Ihre Stimme schien ihm ein wenig traurig. »Gleich da vorn.«

Das Mädchen trug sie beide um den Baum herum zu dem langen Sims über dem Kaminfeuer. Auf dem Sims standen eine Kerze und, neben einem langen Kiefernast, ein Spielzeugschlitten. Das Mädchen setzte Bette und Piorello daneben ab, sagte noch etwas mit freundlicher Stimme und ließ sie dann allein.

Der Schlitten sah anders aus als Cäsars. Er war glatter, als ob er aus Stein wäre, und sehr viel kleiner. Innen war gerade Platz genug für ein Schälchen mit zerstoßenen Nüssen und zwei kleinen Nestern. Bette hüpfte hinauf und schaute in das kleinere hinein. Da lagen Pavel und Rhone aneinander gekuschelt und schliefen.

»Sie sind sofort eingeschlafen«, sagte Piorello leise.

»Das wundert mich nicht. Sie haben wenig Schlaf gehabt.«

Beim Klang ihrer Stimme bewegte sich Rhone. Noch halb im Traum öffnete sie die Augen. »Hast du das gesehen, Mutter? Ist es nicht schön?«

»Ja, sehr schön.«

Auch Pavel hob den Kopf. »Ist es in Ordnung, wenn wir heute Nacht hier schlafen?«

Bette wandte sich zu Piorello um und er nickte. »Heute Nacht ja, habe ich ihnen gesagt. Morgen suchen wir uns dann einen Platz bei den Birken.«

»In der Weide«, sagte Rhone.

»Vielleicht auch in der Weide.«

Pavel lehnte den Kopf wieder an seine Schwester. »Sagt doch Cäsar, dass er herkommen soll. Cäsar soll uns sehen.«

Bette schwieg. Sie wartete, bis ihre Jungen sich wieder zurechtgelegt hatten. »Schlaft jetzt«, sagte sie dann.

Die beiden schlossen die Augen.

Ein Weilchen schauten Piorello und Bette auf ihre Kinder hinunter, dann hüpfte Piorello leise in das zweite Nest. »So schön wie eures ist es nicht.«

Bette sagte nichts.

»Du bist auch müde.«

Sie nickte. Sie hörte die Stimmen der Familie aus dem Nebenzimmer, sie klangen so hell und fröhlich, und Bette wusste, irgendwo in ihrem Herzen gab es dasselbe Gefühl. Aber jetzt stieg sie erst einmal in das zweite Nest und legte ihren Kopf auf Piorellos Flügel – Piorellos Flügel! – und versuchte, überhaupt nichts zu fühlen.

TEIL VII

25

Es wurde ein ruhiger Weihnachtsabend. Elsbeths Vater und ihr Bruder gingen früh zu Bett; sie waren beide noch müde von der Reise. Auch Fräulein Gulbrandsen und Mr Doogan blieben nur wenig länger auf, und schließlich führte Onkel Per Großmama hinauf in ihr Zimmer.

Elsbeth blieb beim Feuer sitzen. Sie hatte nicht mit Miles und ihrem Vater gerechnet, und so saß sie jetzt da und zeichnete, um ihnen am Weihnachtsmorgen etwas schenken zu können. Für ihren Vater zeichnete sie einen Ritter in Rüstung, für ihren Bruder einen Jungen, der mit seinem Boot über einen See mit lauter riesigen Fischen trieb.

Es war schon spät, als sie fertig war. Sie rollte die Zeichnungen zusammen und verschnürte sie mit einem Seidenband. Dann legte sie sie zu den übrigen Geschenken, die um den Fuß des Weihnachtsbaumes herum aufgehäuft dalagen wie die Bruchstücke eines eingestürzten Gabenturms.

Sie vermutete, dass sie die Letzte war, die im Haus noch wach war, also löschte sie alle Kerzen am Baum aus, bis auf eine, die sie mitnahm. Sie warf noch einen letzten Blick auf die Vögel, die tief und fest in ihren Nestern schliefen, und ging dann hinaus auf den Flur.

Gerade wollte sie die Treppe hinaufsteigen, als sie jemanden ihren Namen flüstern hörte: »Elsbeth.«

Es war Fräulein Gulbrandsen, die drüben bei der Tür zum Speisezimmer stand. Sie war bereits im Morgenmantel. »Hast du es vergessen?«

»Was?«

Fräulein Gulbrandsen wies mit dem Kopf zur Bibliothek hinüber. »Heute ist doch Weihnachtsabend.«

Wieder machte sie eine Bewegung mit dem Kopf, dieses Mal in Richtung Küche.

»Oh!« Elsbeth machte kehrt und folgte der Hausdame.

Die Zutaten warteten bereits auf dem Küchenschrank – die Haferflocken, die Schüssel und ein Löffel. Fräulein Gulbrandsen hatte einen Topf aufs Feuer gestellt, in dem bereits das Wasser kochte. Elsbeth durfte vier Schaufeln Haferflocken hineintun. Dann warteten die beiden still.

»Es ist schon spät«, meinte Fräulein Gulbrandsen.

Elsbeth gähnte.

Es dauerte nicht lange und der Haferbrei dampfte und

blubberte im Topf. Fräulein Gulbrandsen löffelte ihn in die Schüssel.

»Butter?«

Fräulein Gulbrandsen nickte entschieden. Elsbeth schnitt ein Stück ab und tat es auf den Brei.

»Zucker?«

»Den braunen.« Fräulein Gulbrandsen wies auf einen Keramiktopf, und Elsbeth bestreute den Brei mit einem Löffel Zucker.

»Sahne?«

Auch dieses Mal nickte die Hausdame. Während Elsbeth Sahne in ein Kännchen goss, füllte Fräulein Gulbrandsen ein Glas mit Wasser. Dann stellten sie alles auf das Tablett der Großmutter, zusammen mit einem weißen Leinentuch und einem Löffel, und gingen dann, mit Kerzen in den Händen, gemeinsam zur Bibliothek hinüber.

Eines nach dem anderen waren im Haus die Lichter erloschen, während Cäsar das Moos fraß, das er unter dem Schnee gefunden hatte. Nun war alles kahl und das Haus war dunkel, bis auf die winzigen Flammen, die hinter jedem Fenster flackerten.

Er musste jetzt los, zurück zu Gaino. Doch das Geweih lastete schwer auf seinem Nacken und die flackernden Lichter schienen alle nach ihm zu rufen: Einmal noch solle er die Kleinen sehen. Ihnen ein Geschenk machen.

Mit geneigtem Kopf trat er hinter den kurzen Kiefern

hervor und ging mit leisen, gleichmäßigen Schritten den Hügel hinauf.

Es gab nur ein einziges Fenster, gleich an der Hausecke, das so niedrig war, dass er hindurchschauen konnte. Es war schmaler als alle anderen und ging auf den Wald hinaus. Cäsar bewegte sich direkt darauf zu und schaute hinein. Auch hier brannte eine Kerze. Drinnen war es so dunkel, dass er nur mit Mühe das Zimmer hinter der Scheibe erkennen konnte. Mit seinem guten Auge schaute er nach allen Seiten, ob er irgendetwas erkennen konnte, was nach den Kindern aussah, doch nur hinten in der gegenüberliegenden Ecke konnte er überhaupt Umrisse ausmachen. Eigenartig zusammengedrängte Schatten sah er, die keinen Sinn ergaben. Da waren Kopf und Geweih eines anderen Rentiers, nur Kopf und Geweih, sie schienen an der Wand zu schweben. Daneben gab es eine viel größere Gestalt. Fast wie ein Bär stand sie da, mit ausgestreckten Armen, aber anders als ein Bär stand sie völlig still. Der letzte der Schatten war eine Eule, und von den dreien schien allein die Eule wirklich zu sein. Sie hockte auf einem Pfosten neben den beiden anderen und starrte Cäsar direkt ins Gesicht.

In diesem Augenblick erschienen zwei Lichter drüben bei der Tür und verharrten dort einen Moment lang wie zwei Glühwürmchen.

»Tibel?«, flüsterte Elsbeth. »Wir wollten dir etwas bringen.«

Elsbeth und Fräulein Gulbrandsen warteten auf eine Antwort, doch es blieb ganz still im Zimmer.

Zögernd trat Elsbeth ein. Sie ging direkt zum Kamin hinüber, kniete sich davor und räumte das Tablett ab – erst das Tuch, dann den Löffel, das Sahnekännchen, das Glas Wasser und schließlich die Schale mit dem Haferbrei.

Dann richtete sie sich wieder auf. »Tibel?«

Keine Antwort.

»Frohe Weihnachten, Tibel.«

Alles war still.

»Komm!« Fräulein Gulbrandsen winkte sie zur Tür zurück. »Lass ihn in Ruhe.«

Elsbeth nahm ihre Kerze und schlich auf Zehenspitzen hinaus, ohne auch nur einen Blick auf die Eule oder das Fenster in der Zimmerecke zu werfen.

Cäsar blieb nicht lange. Sobald das Mädchen gegangen war, schaute er wieder zur Eule hinüber. Sie gab keinen Laut von sich, bewegte sich auch nicht, doch ihre Augen sagten Cäsar, er solle sich keine Sorgen machen, die Spatzen seien in Sicherheit, hier im Haus. Er könne ruhig gehen.

Cäsar wandte sich vom Fenster ab und ging den Hügel wieder hinunter. Er folgte seinen eigenen Spuren in den Wald hinein und zwischen den Birken hindurch bis hinüber zur Weide.

Dort blieb er stehen. Vor dem Wasserbecken senkte er

den Kopf. Er hakte sein Geweih an dem steinernen Sockel ein und begann den Nacken hin- und herzudrehen. Kein Geräusch war im Wald zu hören, nur Cäsars leises Schnaufen und das Scharren seines Geweihs am Stein. Unablässig drehte er das Genick hin und her, bis auf einmal, mit einem Ruck, die linke Geweihstange in den Schnee fiel. Zum ersten Mal sah er selbst die Stelle, an der die Geweihspitze abgebrochen war. Cäsar hielt den Kopf gesenkt und drehte ihn noch einmal heftig zur Seite. Da fiel die rechte Geweihstange ab. Da sah er das Nest mit seiner samtenen Hülle auf den Geweihspitzen.

Cäsar hob den Kopf mit der nun kahlen Stirn und ging um den Baum herum zur Seeseite. Ein letztes Mal schaute er zurück zum Haus. Still und warm stand es da. Eine dünne Rauchfahne stieg zum Himmel. Cäsar riss einen Streifen Rinde von der Weide, dann wandte er sich um und machte sich auf den Weg, zurück über den gefrorenen See, zu Gaino.

Brooks Hansen, in New York geboren und aufgewachsen, studierte in Harvard und hat sich als Autor für Erwachsene einen Namen gemacht. »Hör mein Lied« ist sein erstes Kinderbuch. Die Kritik in den USA feierte ihn als großen Erzähler in der Tradition von Carroll und Tolkien.